Heimatkunde
Leipzig

Für Euch

Und in der Gegenwart steht sie nun mit beiden Beinen, die fleißige und tüchtige und etwas graue und unelegante und wenig freundliche Stadt Leipzig, und wird nie unterzukriegen sein.

Hans Reimann, 1929, Das Buch von Leipzig. Was nicht im Baedeker steht

Claudius Nießen

Heimatkunde Leipzig

cadeau

1. Auflage 2009

www.hoca.de
Typografie und Satz:
Farnschläder & Mahlstedt, Hamburg
Gesetzt aus der Adobe Jenson Pro
Druck und Bindung: GGP Media GmbH, Pößneck
Printed in Germany
ISBN 978-3-455-38050-7

HOFFMANN
UND CAMPE

Ein Unternehmen der
GANSKE VERLAGSGRUPPE

Inhalt

Vorweg

Warum Leipzig? Warum ich? Diese Frage habe ich mir immer wieder gestellt, seit ich den Anruf bekam mit der Bitte, dieses Buch zu schreiben. Und zugegeben, ganz leicht ist es mir nicht gefallen. Schließlich bin ich nicht in Leipzig geboren, hat mich diese Stadt nicht seit meiner Kindheit begleitet. Andererseits habe ich mich auch in keiner anderen Stadt jemals so zu Hause gefühlt. Leipzig ist meine Stadt, auch wenn ich nicht dort geboren bin. Und das Schöne ist, dass mich Leipzig schnell merken ließ, dass ich mich als Leipziger fühlen darf. Wo wäre man mit einem Kopf voll verträumter Ideen besser aufgehoben als hier, wo könnte zumindest ein Teil davon besser Wirklichkeit werden? Dieses Leipzig hat mir von Anfang an ein wunderbares Gefühl vermittelt: Hier geht was.

Da ist jetzt natürlich auch ein wenig Gefühlsduselei mit im Spiel. Ich kann mich über Leipzig auch mal ärgern. Das ändert jedoch nichts daran, wie sehr mir diese Stadt gefällt, mit ihren Parks, den Häusern, ihrem Bahnhof, überhaupt.

Leipzig hat viele schöne Fassaden. Aber es waren nicht die Fassaden, sondern die Menschen, die mir diese Stadt geöffnet haben. Es liegt vor allen Dingen an ihnen, die ich hier kennengelernt habe und die oft Freunde geworden sind. Sie haben Leipzig erst zu meiner Stadt gemacht. Sie sind mein Leipzig. Und von ihnen erzählt dieses Buch. Ihnen ist es gewidmet.

1.

Leipziger Allerlei im Doppeldecker

Ich sitze im Café Cantona, Leipzig Südvorstadt, nicht weit von meiner Wohnung entfernt, und suche nach einem Anfang. Draußen läuten die Kirchenglocken, es schlägt zwölf. Ich habe in den letzten Wochen alles gelesen, was ich über Leipzig in die Finger bekommen konnte.

So viel ist nach der Lektüre klar: Alle Bücher, die ich bislang über Leipzig gelesen habe – und bitte glauben Sie mir, das waren mehr als eine Handvoll –, alle Bücher, die etwas über Leipzig zu sagen haben, beginnen auf dem Hauptbahnhof. Was wenig verwundert, wenn Sie die großartigen Hallen schon einmal von innen gesehen haben.

Hier kommt man gerne an, und auch das Abfahren fällt in dieser Umgebung gleich viel leichter, schließlich freut man sich schon bei der Abreise wieder auf die Rückkehr. Wer jetzt meint, der Prachtbau, Europas größter Kopfbahnhof, zur Eröffnung 1915 als »Kathedrale des Fortschritts gefeiert«, sei ein wenig überdimensioniert, der soll sich nicht wundern. Schließlich war der Bahnhof bis 1934 geteilt, nachdem die zuvor privaten Bahnunternehmen mit ihren Strecken und Bahnhöfen zu staatlichen Eisenbahngesellschaften zusammengefasst worden waren. In Leipzig trafen nun die beiden neuen Gesellschaften, die Sächsische und die Preußische Staatsbahn, zusammen. So gern hatten sich die beiden Unternehmungen, dass sogar vom preußisch-sächsischen Eisenbahnkrieg die Rede war. Der neue Hauptbahnhof, der zur Verbesserung des Bahnverkehrs beitragen sollte und die sechs vorherigen Bahnhöfe der Stadt ersetzte, war ein Kompromiss und bis 1934 zweigeteilt.

Wer nach Berlin oder Thüringen wollte, der musste auf der preußischen Westseite die Fahrkarten lösen. Für Fahrten nach Sachsen gab es einen eigenen Verkaufsschalter auf der Ostseite. Nicht nur unterschiedliche Uniformen hatten die Bahner, man ging sogar so weit, dass auf beiden Seiten unterschiedliche Uhren Verwendung fanden. Auf der einen Seite hatte man das neue Zwölf-Stunden-Zifferblatt eingeführt, auf der anderen Seite gab es noch das 24-Stunden-Zifferblatt.

Zwei Eingangshallen, zwei Verwaltungen, zwei Schalterräume für den Fahrkartenerwerb und penibel jeweils dreizehn Bahnsteige auf jeder Seite. An der Trennungslinie zwischen Gleis 13 und 14 trafen sich die beiden Bahnhofsvorsteher jeden Tag einmal zum Uhrenvergleich, nur um sich gleich darauf einen guten Tag zu wünschen und rasch wieder in ihren Bahnhofsteil zurückzukehren.

Als ich das erste Mal nach Leipzig kam, war der Bahnhof

eine einzige Baustelle, und tief unter mir fuhren riesige Lastwagen Erde hinaus. Heute ist der Bahnhof, um es mit dem gebürtigen Leipziger ZDF-Reporter und Buchautor Dieter Zimmer zu sagen, »Einkaufszentrum mit Gleisanschluss«. Seinen Charme hat er dennoch nicht verloren. Ich gehe gerne hin, auch wenn ich gar nicht wegmuss. Sitzen und schauen, heißt die Devise.

Die Bücher über Leipzig, die nicht auf dem Bahnhof beginnen, beginnen in einer der zahlreichen Kaffeehausidyllen. Wunderbare Cafés gibt es in Leipzig so einige; das einzige, das den Namen Kaffeehaus verdient, ist das Café Grundmann unweit der Pferderennbahn Scheibenholz. Sehr gut aushalten lässt es sich auch im weltläufigen Café Telegraph unweit des Stadtrings. Der umtriebige Dietrich Enk hat mit dem Café Enk im Museum der bildenden Künste und seiner Dependance im Grassi-Museum zwei wunderbare Oasen gezaubert, die nicht nur Charme besitzen, sondern auch hervorragende Karten – und mit dem Piloten hat er auch dem Schauspiel an der Bosestraße endlich zu einem adäquaten Theatercafé verholfen. Das Leben genießen und dabei herrlichen Kuchen essen kann man im Café Paris Syndrom, das vor allen Dingen von Gästen der nahegelegenen Hochschule für Grafik und Buchkunst, der Musikhochschule und dem Deutschen Literaturinstitut frequentiert wird.

Ich sitze also an der Windmühlenstraße im Café Cantona, gleich nebenan an der Fassade die Überreste einer Neonreklame: *Wie aus dem Ei gepellt durch.* Im Haus gibt es auch heute noch immer eine Wäscherei. Ich bringe da immer meine Hemden hin. Ich mag die Waschfrauen, wie sie dort hinter der Theke stehen, sehr stämmig und immer mit einem frechen Spruch. Manchmal sagen sie in breitem Sächsisch: »Na, junger Mann, wer seine Hemden um elf Uhr bringt und um halb drei abholt, der kann ja keiner richtigen Beschäftigung nachgehen.« Ich kann das noch nicht einmal verneinen. Manchmal schimpfen sie auch, wenn ich wieder alle meine Hemden auf einmal vorbeibringe oder vergessen habe, die Ärmel herunterzurollen, oder die Knopfleiste nicht aufgeknöpft habe.

Wie anfangen? Diese Frage treibt mich um, nebenbei versende ich E-Mails an Freunde. Frau R. schreibt zurück. Frau R. kommt aus Österreich, und ich freue mich jedes Mal aufs Neue, dass man das auch aus ihren E-Mails herauslesen kann. Dieses Österreichische, es hat so etwas Erhabenes. Man steht mit diesem Zungenschlag über den Dingen.

Vor einigen Jahren war ich einmal in Amerika und habe mich sehr gewundert, wieso dort im Café alle allein an einem Tisch saßen und in ihre Laptops schauten. Inzwischen hat sich diese computerbasierte Cafékultur auch in Deutschland verbreitet, ich bin ein Teil von ihr, und ehrlich gesagt ist es eine angenehme Art des Arbeitens, so in Gesellschaft allein zu sein.

Die große Fensterscheibe vibriert wieder einmal. Ich denke an Leonie, den Tunnelbohrer, der irgendwo unter uns das bohrt, was die Leipziger die kürzeste U-Bahn der Welt schimpfen, einen Tunnel, den Citytunnel, der am Bahnhof beginnt, unter der Innenstadt durchführt und ganz in der Nähe, am Bayerischen Bahnhof, wieder auftaucht. Jeden Tag läuft ein nicht kleiner Trupp Vermesser die Strecke mehrmals ab. Sie tragen leuchtend orangefarbene Warnwesten, halten Messlatten in die Höhe und schauen durch Geräte hindurch, um anschließend Notizen zu machen. Stundenlang kann ich ihrem Treiben zuschauen oder zumindest, bis sie um die nächste Kurve verschwunden sind. Die Scheibe vibriert schon wieder. Aber es ist nicht Leonie, sondern einer der alten englischen Doppeldeckerbusse, die im Sommer alle halbe Stunde hier vorbeikommen, auf ihren Stadtrundfahrten.

Ich schreibe eine E-Mail an Frau R., dass ich nun losmuss, zur Stadtrundfahrt.

»Stadtrundfahrt, spinnst? Bei dem Wetter? Recherche ist gar nichts, Karl May ist aus Sachsen auch nie raus, Kant aus seinem Kaff auch nicht, ebent.«

Ich habe keine wirkliche Antwort, also antworte ich nicht.

Ich bin noch etwas benommen von der Nacht. Man muss ja nicht mit dem Anfang anfangen, hatte ich am Abend vorher gedacht – Hauptsache, man fängt an. Also hatte ich mir fünfzig Euro eingesteckt, um den Pinten und Eckkneipen Leipzigs einen Besuch abzustatten, all jenen Orten, die garantiert nie in einem Text über Leipzig auftauchen würden. Um für das meiner Meinung nach zentrale Kapitel, das der Frage »Wo speisen wir?« gewidmet ist, zumindest schon einmal mit dem Trinken anzufangen. Aber dazu später mehr.

Eine Stadtrundfahrt also, denke ich, mehr denken geht nicht, und packe meine Sachen zurück in die Tasche und zahle an der Theke. Der Barkeeper hat keine Haare, aber ein sehr freundliches Lächeln. Er steht auch nachts hier hinter der Theke und macht die besten Gimlets der Stadt. Ich bin ihm auf der Suche nach diesem Drink durch seine verschiedenen Anstellungen und Bars bis ins Cantona gefolgt. Das Kleingeld klimpert in sein Portemonnaie. Sein »Na dann« klingt, als halte er die Sache für eine vollkommen dumme, wenn nicht gefährliche Idee, könne mich aber nicht davon abbringen. Wir nicken uns zu. Draußen muss ich die Sonnenbrille aufsetzen, so grell scheint die Sonne.

Schon unterwegs in Richtung Innenstadt allerdings stellt sich mir dann die Frage, wo diese Stadtrundfahrten denn überhaupt ihren Anfang nehmen. Aber getreu meiner Überlegung, dass alle Geschichten über diese Stadt am Bahnhof beginnen, gehe ich auf gut Glück erst einmal dort vorbei.

Und wirklich, gleich gegenüber dem Bahnhof reiht sich ein Oldtimerbus hinter dem anderen auf. Menschen in roten Jacken schwatzen mir ein Billett auf, dreizehn Euro. Dafür könnte ich im Café Cantona einen halben Tag lang trinken und essen. Opfer müssen gebracht werden. Ich wähle keinen von den schönen roten englischen Doppeldeckern, dafür ist es viel zu heiß. Stattdessen entscheide ich mich für einen alten Postbus, dem man im hinteren Teil den Aufbau weggeflext hat, quasi zur Hälfte ein Cabriobus. Es dauert fast eine halbe Stunde, bis wir abfahren, und noch sind alle Plätze frei. Ich setze mich wie früher zu Schulzeiten ganz hinten in die letzte Reihe, es ist heiß und ich bin ziemlich müde.

Irgendwann fährt der Bus los und ich höre noch, dass wir ungefähr anderthalb bis zwei Stunden unterwegs sein werden und dass die Stadt vieles ist, je nachdem auch Messestadt, Bachstadt, Buchstadt, Autostadt und Sportstadt. Bei dieser Information überqueren wir das Elsterflutbecken, gleich um die Ecke das Gelände der ehemaligen Deutschen Hochschule für Körperkultur – vierzig Olympiasieger hat Leipzig hervorgebracht. Am rechten Ufer Palmengarten und Klingerhain, Kleinmessegelände: Dreimal im Jahr ist dort Rummel.

Dann geht es nach Lindenau, wo die Musikalische Komödie ihren Sitz hat. Die Stadtführerin weiß zwar nicht, was gegeben wird, aber dass sich ein Besuch im Operettentheater lohnt, das weiß sie. Mir fallen die Augen zu, die Sitze sind eigentlich ganz bequem, und mit dem Gesicht an der Scheibe vibriert mein Körper sanft wie auf einem Schiff. Die umherziehenden Dieselschwaden versetzen mich endgültig in Tiefschlaf.

Als ich knappe zwei Stunden später aufwache, steht der Bus wieder vor dem Bahnhof, und mein Kater ist eher schlimmer geworden. Ich spaziere durch die Nikolaistraße zurück in die Südvorstadt und habe das seltsame Gefühl, als würde mich alle Welt anstarren. Zu Hause stehe ich im Bad und begreife, wieso. Ich habe nicht nur die Stadtrundfahrt verschlafen, sondern auch den heftigsten Sonnenbrand im Gesicht, den ich je hatte. Zeit für ein längeres Nickerchen.

Zwei Monate später sitze ich wieder einmal im Cantona. Der Sonnenbrand ist zum Glück längst abgeklungen. Draußen regnet es, und ich bin mit meinem Buch noch keine Zeile vorangekommen. Die Fensterscheibe vibriert. Ich glaube, so etwas nennt man Déjà-vu.

Eine halbe Stunde später stehe ich erneut am Hauptbahnhof und steige dieses Mal in einen der roten britischen Doppeldecker. »Sie können auch oben sitzen«, sagt der Herr im besten Alter, der sich selbst als Chauffeur vorstellt. Ich nicke, sage »Danke« und setze mich auf eine Bank mit Tisch zu einem kleinen Mädchen, das sich ebenso unwohl zu fühlen scheint wie ich. Dieses Gefühl: Hoffentlich sieht mich hier niemand. Denn der gemeine Tourist rangiert ja in der Beliebtheit gleich neben Finanzbeamten, Politikern und Boulevardjournalisten.

Das Mädchen spielt mit einem Rubik-Würfel und streckt mir die Zunge raus, auf dem Tisch vor ihr liegen Schulhefte. Sie ist dem Chauffeur wie aus dem Gesicht geschnitten. Es steigen ein: drei junge Frauen, Typ Jurastudentin, mit Wachsjacken und Perlenohrringen, sie verschwinden nach oben, ebenso mehrere Pärchen, bewaffnet mit Reiseführern, Regenschirmen und Fotokameras, sowie eine Kleingruppe westdeutscher Rentner.

»Wie schön das hier alles ist.«

»Ja, ja, unsere Steuergelder, alles unsere Steuergelder. – Aufbau Ost, und dann so ein alter Bus.«

»Friedrich, nun hör schon auf.«

Als Letztes steigt ein älteres Ehepaar ein, der Chauffeur sagt: »Sie können auch oben sitzen«, aber das Paar nimmt am Nachbartisch Platz. Ich denke: Och nö. Das Mädchen mit dem Rubik-Würfel verdreht leicht die Augen. Ich sehe: Beide tragen die gleichen Funktionsjacken, Nylon, oben rot, unten schwarz. »Funktionsjackensymbiotiker« schreibe ich auf einen mitgebrachten Zettel.

Wir fahren los, wieder zuerst in Richtung Westen. Der Chauffeur macht Witze über den Bus. Dann übernimmt eine weibliche Stimme mit leicht sächsisch gefärbtem Akzent. Ich habe sie die ganze Zeit über nicht gesehen, die Dame muss schon oben gesessen haben, als ich eingestiegen bin.

Ich mache eine Stadtrundfahrt, denke ich und bin verstört. Ich mache eine Stadtrundfahrt, damit Ihnen das erspart bleibt, liebe Leser, denke ich, und es fühlt sich gleich viel besser an. Ich bin auf einer Mission.

Die ersten Informationen habe ich schon gehört. Leipzig als Autostadt, Bachstadt, Buch-, Messe- oder Sportstadt. Wasserstadt außerdem, denke ich, als wir über das Elsterflutbecken fahren. »Wasserstadt«, sagt es aus dem Lautsprecher. Ich mache einen weiteren Haken auf der imaginären Liste. Und ergänze, ebenfalls in Gedanken: Mendelssohnstadt, Stadt von Goethe und Schiller, Studentenstadt (komisch, das sagt nie einer bei all diesen Aufzählungen), Hans Mayer will auch nicht vergessen sein, ebenso die Gründerzeit und ihre Häuser, Heldenstadt des Herbstes 89 und, das wird gern verdrängt, Stadt der viel zu vielen Arbeitslosen. Und zu guter Letzt Stadt der verpatzten Olympia-Bewerbung.

Wir fahren am Hauptbahnhof entlang. »Eine Hauptsehenswürdigkeit«, sagt die Frauenstimme. Na ja, wenigstens muss man heutzutage keine Bahnsteigkarten mehr lösen. Dann ein Hinweis auf das Mobilitätszentrum der Leipziger Verkehrsbetriebe. Das ist so ein hingeklatschtes Containerdorf auf den Promenaden vor dem Bahnhof, das vor allen Dingen mit seiner grell leuchtenden, überdimensionierten Werbetafel abschreckt. Aber ich verstehe schon: der vielbeschworene Nutzwert für die Besucher … »Ach schau, dort kriegen wir Fahrkarten«, sagt die Funktionsjackenfrau auch gleich.

Dann geht es zurück, den Brühl entlang. »Pelze vom Brühl, Pelze aus Leipzig, waren lange Zeit eine feste Marke«, sagt es aus dem Lautsprecher. Über siebenhundert Pelzhändler gingen zu Beginn des letzten Jahrhunderts rund um den Brühl ihren Geschäften nach. Ich erweitere meine imaginäre Leipzig-Liste um »Pelzstadt«. Der großartige Erdmann Graeser, den die Leipziger Allgemeine Zeitung 1921 eine kleine Artikelserie über Leipzig schreiben ließ, brachte es charmant auf den Punkt: *Es gibt mehr tote Tiere als lebendige Menschen in Leipzig,* denn Leipzig sei unbestritten der *Mittelpunkt des deutschen Rauchwarenhandels,* womit selbstredend nicht Tabake und Zigarren gemeint waren, sondern Pelze. Davon ist heute nichts mehr zu spüren, und ich setze »Pelzstadt« in Klammern.

Über den Tattoo-Shop verliert die Lautsprecherstimme kein Wort, dabei sind das genau die Geschäftsideen, die in Leipzig boomen: Tattoo-Shops, Sonnenstudios, Frisiersalons und Nagelstudios lassen sich gefühlt an jeder zweiten Ecke finden. Dafür werden wir mit Fischer-Art gequält. Der Leipziger Krickelkrakel-Künstler Michael Fischer-Art hat seine Galerie ebenfalls am Brühl. Er hat sich den Zusatz »Kunst« in den Namen montiert, damit man das auch versteht – also was er da so treibt. Einem größeren Publikum wurde er bekannt, weil er seine grellbunten, von bösen Zungen als leicht naiv geschimpften Figurenmalereien gerne groß malt. Sogar auf Häuserwände. Zumindest kann er davon anscheinend ganz gut leben, ich glaube, ich habe ihn neulich Maserati fahren sehen. Ist doch auch schon mal was wert. Neo Rauch fährt dem Vernehmen nach bloß Porsche. Andererseits, wie provinziell sind wir in Leipzig denn, dass alles, was sich mit Kunst und Kultur beschäftigt, auf einem Mann rumhacken muss, der sich mit bunten Bildchen seinen Lebensunterhalt verdient. Fischer-Art gehört eben auch fest zu Leipzig. Was wären wir, hätten wir ihn nicht als Lieblingsfeindbild?

Im Gegensatz zu Fischer-Art ist Neo Rauch übrigens kein Künstlername, auch wenn das jeder gerne denkt oder sich zumindest fragt, was Papa und Mama Rauch sich dabei wohl gedacht haben.

Weder Porsche noch Maserati fuhr dagegen Bürgermeister

Franz Conrad Romanus. Eingefahren ist er vielmehr in den Leipziger Kerker. Dem früheren Bürgermeister der Stadt gehörte vor Zeiten das prachtvolle Romanushaus. Die Stimme hatte sich wieder eingeschaltet: »Das Romanushaus, das Sie vor uns an der Ecke Brühl und Katharinenstraße sehen, ist eines der bedeutendsten Zeugnisse barocker Baukunst in Leipzig. Dieses Stadtpalais wurde im Auftrag des Bürgermeisters Romanus von Johann Gregor Fuchs zwischen 1701 und 1704 erbaut.« 1701 war Romanus Bürgermeister geworden, und noch im gleichen Jahr begann das mit dreißig Jahren ziemlich junge Stadtoberhaupt mit dem Bau von Straßenbeleuchtung und Kanalisation. Straßen wurden gepflastert und mit einem Sänftendienst eine Art erster öffentlicher Personennahverkehr eingerichtet.

Romanus, der auf Empfehlung und Drängen von August dem Starken sein Amt übernahm, genoss wegen dieser ganzen neuen Annehmlichkeiten so etwas wie den Ruf eines Bürgervaters. Gleichzeitig vergaß der junge Romanus nie, wer ihm maßgeblich zu diesem Posten verholfen hatte, und drückte beim Rat der Stadt stets die häufigen Geldforderungen des Kurfürsten durch. Damit die Ratsherren die hohen Zahlungen bewilligten, zeigte er sich auch ihnen gegenüber spendabel und verdoppelte ihr Gehalt auf zweihundert Taler.

Könnte jetzt manch einer sagen: Hat sich nicht wirklich geändert, das Geschäft mit der Politik. Aber es kommt noch besser: Romanus investierte 150 000 Taler in sein Stadtpalais. Eine Summe, die, sagen wir mal so, seinen Dispo ziemlich ausreizte. Nun fing er an und fälschte Ratsschuldscheine. Das kam 1704 heraus, bei einer späteren Hausdurchsuchung fand man dann neben weiteren Schuldscheinen einen Nachschlüssel zum Bürgermeisterpult, einen Wachsabdruck des Großen Ratssiegels und ordentlich Geld aus den Kassen von Rat und Nikolaikirche. Bis zu seinem Tod 1746 blieb Romanus ohne Urteil in Haft auf der Festung Königstein. Manch einer erklärt sich die Härte gegenüber dem armen Romanus mit der Pleite der Stadt Leipzig im Jahr 1626. Damals waren Gewinne aus dem Mansfelder Kupferbergbau ausgeblieben, und die Messestadt verschuldete sich und musste sich als zahlungsunfähig erklären.

Ein paar Jahrhunderte später sollte die Stadt wieder immens überschuldet sein, 2006 waren es rund neunhundert Millionen Euro. Vor einigen Jahren gab es da zudem die bemerkenswerte Geschichte um den Leipzig Baulöwen Schneider. Geschichte, so scheint mir, hat wie mancher Fernsehsender einen deutlichen Hang zu Wiederholungen.

Das Geruckel der unsynchronisierten Schaltung bringt mich zurück ins Hier und Jetzt. Gegenüber dem Museum der bildenden Künste und der Katharinenstraße buddeln sich Archäologen durch alte Kellergewölbe; bis vor kurzem standen hier einige Mehrgeschosser aus DDR-Zeiten, obenauf die bekannten *Willkommen in Leipzig*-Leuchtreklamen. Dort soll demnächst eine neue Einkaufsmeile entstehen. Eigentlich wollte man mit dem Bau auch schon begonnen haben – das kleine Aber in der ganzen Geschichte heißt nun Finanzkrise.

Mal sehen, wann das Ding gebaut wird. Was noch steht und Abschluss dieser neuen Bebauung werden wird, ist das ehemalige Kaufhaus am Ende des Brühls, von den Leipzigern wegen seiner Aluminiumverkleidung liebevoll »Blechbüchse« genannt. Hier stand einst das Geburtshaus Richard Wagners. Da kommt meine Liste wieder dran. Das zweite Ausrufezeichen hinter »Musikstadt!«.

Wagner ist überhaupt so etwas wie der verkannte Sohn der Stadt. Vergessen bei all dem Rummel um Johann Sebastian Bach. Dabei war der selbst lange Zeit ja auch ein wenig vernachlässigt, einfach irgendwo neben einer Kirchenmauer verbuddelt worden. Zum Glück nicht wie der gemeine Sterbliche in einem Kiefern-, sondern im robusten Eichensarg, sodass man seine Gebeine später anstandslos wiederfinden konnte, als es ans Gedenken ging. 1885, zu seinem zweihundertsten Geburtstag, bekam er zumindest schon einmal eine Tafel verpasst, da war Wagner zwei Jahre unter der Erde.

Aber gestatten Sie mir zuvor noch einen kurzen Blick zurück: aufs Museum für bildende Künste, der Leipziger sagt der Einfachheit halber schlicht »Bildermuseum«. Es wurde von kunstsinnigen Leipziger Bürgern vor etwas mehr als hundertfünfzig Jahren aus der Taufe gehoben, und seine Sammlungen wuchsen durch zahlreiche Schenkungen. Einer der Stifter hatte dabei die kluge Idee, die Stadt ein wenig zu erpressen. Wenn die nicht innerhalb von fünf Jahren ein Gebäude errichte, seien seine Bilder wieder futsch. Die Stadt baute. Nach Krieg und Interimslösungen baute sie neu, dort, wo der

Klotz des MdbK nun steht. Auch eine kleine Posse: die Außenhülle. Irgendwie zu schwer oder zu teuer oder nicht richtig geplant und berechnet oder alles zusammen. Sie wird nun Stück für Stück angebaut. Drinnen aber ist es schmuck, und das liegt nicht allein am Café Enk, wo ich dringend dazu rate, einmal das aus Tonic Water und Mangosaft gemischte Getränk zu kosten. Man kann Cranach den Älteren oder Frans Hals schauen und Caspar David Friedrich. Vor allem aber natürlich Max Beckmann und Klinger. (Richtig, Klinger-Stadt, ab auf die Liste!) Die Künstler der Leipziger Schule (Heisig, Tübke, Mattheuer, Sitte) sind zu sehen, ebenso die Vertreter der Neuen Leipziger Schule, allen voran Neo Rauch. Der übrigens als erster deutscher Künstler eine Einzelausstellung im New Yorker Metropolitan Museum of Art bekam, ich sah die Fahnen, quasi Rauch-Fahnen – man sehe mir diesen Kalauer nach – von den Stufen des gegenüberliegenden Goethe-Institutes bei einem kurzen Besuch in dieser Stadt.

Leipzig und New York – hier schließt sich ein Kreis: Das Leipziger Museum, gestiftet durch die Bürger der Stadt, war ein paar Jahre alt, als in New York das Metropolitan Museum gegründet wurde. Dabei soll das Leipziger Museum Pate gestanden haben. Wahrheit oder Legende? Jedenfalls eine Geschichte, die uns gut steht.

Wahr ist übrigens, um noch einmal auf Wagner zurückzukommen, dass der große Klinger vor dessen hundertsten Geburtstag den Auftrag erhielt, dem Musikus ein Denkmal zu bauen. Also alles gut? Mitnichten, Klinger fahndete nach dem passenden Marmor, aber dann fehlte es scheinbar an Motivation, vielleicht war es auch der Erste Weltkrieg, der irgendwie dazwischenfunkte. 1920 starb Max Klinger, vom Denkmal existiert seither nur der Sockel. Der steht nicht etwa in der Nähe der Blechbüchse, also dort, wo Wagner geboren wurde, sondern im Klingerhain am Elsterbecken. Der aus reinweißem Marmor gehauene Würfel zeigt die drei nackten Rheintöchter in Lebensgröße. Die Leipziger, direkt wie immer, nennen den Quader daher auch schlicht »Porno-Würfel«. An dem posierte 1934 zu einer Wagner-Gedenkfeier auch Hitler fürs Foto.

Inzwischen hatte man einen zweiten Anlauf für ein Wagner-Denkmal genommen, ein Riesenmonument wurde geplant, über hundert Meter in der Länge. Dumm nur, dass es nicht rechtzeitig fertig wurde. Entstanden war es in den Marmorwerken Kiefersfelden, die klingelten Ende 1945 einmal durch und baten darum, das inzwischen vollendete Denkmal abzuholen. Daraus wurde nichts. Teile des Denkmals hat man dann in Kiefersfelden in einem Verwaltungsgebäude verbaut, andere stecken in der Bayreuther Stadtmauer.

Nun will man den Platz vor der Blechbüchse – wenigstens heißt er Richard-Wagner-Platz – neu gestalten. In der Zeitung gab es schon eine Zeichnung. Gut schaut es aus, viel Grün, nur an Wagner, wie soll ich sagen, na ja, irgendwie haben sie wieder mal ein wenig das Gedenken vergessen. Bis 2013 haben sie noch Zeit, da stünde Wagners zweihundertster Geburtstag an. Aber erinnern wir uns: Bach wurde zu diesem Anlass eine Tafel gestiftet, wäre es da nicht vermessen, dem Wagner gleich ein ganzes Denkmal hinzusetzen?

Wir biegen am Wagner-Platz nach links und erhaschen beim Heraussehen aus dem Fenster einen Blick auf das Haus »Zum Arabischen Coffe Baum«. Der Coffe Baum ist nach dem Café Procope in Paris die älteste bis heute durchgängig betriebene Kaffeeschänke Europas. Leipzig ist voll von solchen Beinaherekorden. Hier schlägt das Herz des Kaffeesachsen höher.

Gleich um die Ecke eine der Kneipenmeilen der Stadt, das Barfußgässchen, auf dem man sich auch bei Regen und im Winter, beschützt von Heizpilzen und eindrucksvollen Schirmgebilden, von Freisitz zu Freisitz bis zum Marktplatz hangeln kann.

Der schmale Grünstreifen, der uns vom Stadtring trennt, »die Promenaden, wir haben sie am Bahnhof schon ein klein wenig ausladender kennengelernt, stehen dort, wo früher einmal die Stadtmauer verlief, und umrahmen bis heute entlang des Rings den Stadtkern, der gerade einmal sechshundert mal achthundert Meter misst«, schallt es aus dem Lautsprecher. Unzählige kleine Denkmäler stehen auf den Promenaden, am besten von allen gefällt mir das für Samuel Hahnemann, den Begründer der Homöopathie. Er studierte in Leipzig Medizin. Kein Denkmal auf den Promenaden hat übrigens – zumindest ergaben das meine tiefschürfenden Recherchen, aber ich kann mich auch irren – Daniel Gottlob Moritz Schreber, obwohl es dem lieben Doktor gottlob wirklich gebühren würde. Er ist, genau richtig, der Erfinder des Schrebergartens. Der Urschrebergarten liegt in Leipzig an der Aachener Straße.

Ein wenig den Dittrichring hinunter in Richtung »Runde Ecke« liegt das wunderbare Café Telegraph, etwas abseits der leicht touristisch angehauchten Cafés, Kneipen und Restaurants im Barfußgässchen. Ich meinerseits sehne mich langsam nach einem guten Kaffee.

Aber zunächst noch ein Blick auf die Runde Ecke, die ehemalige Stasizentrale Leipzigs, in der heute ein Museum und eine Außenstelle der Birthler-Behörde untergebracht sind, und dann haben wir auch schon die Thomaskirche (neogotisch!) erreicht. Was nun folgt, kann man in Ausrufezeichen gar nicht mehr aufwiegen. Natürlich die Thomaner, schließlich seien die der älteste Knabenchor der Welt. Ich wechsele vom Buslautsprecher zu meinen privaten und höre lieber ein wenig Bach auf meinem iPod. Denn was jetzt kommt, das kenne ich im Schlaf. Bach, Bach und nochmals Bach. Aber ganz ehrlich, viel spannender als all dies – wann er hier wie und in welcher Position gelebt, gelehrt, komponiert und Kopfstände gemacht hat – ist doch seine Musik. Seit 1950 haben auch Bachs Gebeine hier ihre letzte Ruhestätte.

Wieder auf dem Ring, kommen die Lautsprecher auf 1989 zu sprechen. Die Montagsdemonstrationen fanden hier statt. Aus den Rufen »Wir sind das Volk« wurde »Wir sind ein Volk« wurde wieder ein Land.

Und dieses Land wird, wie bereits erwähnt, momentan

nach Kräften untertunnelt. Überall blaue Rohre – aber das ist nicht eine neugetünchte Fernwärmeleitung, dort wird Grundwasser in Parthe und Pleiße oder sonst wohin abgepumpt. Grundwasser, das man beim Bau des Citytunnels an den Baustellen am Leipziger Markt, unter dem Hauptbahnhof, am Leuschnerplatz und am Bayerischen Bahnhof nicht brauchen kann. Böse Zungen behaupten, dass sich das Grundwasser, das in Leipzig nicht so richtig weit unten in der Erde fließt, bald neue Wege suchen wird. Nämlich genau dann, wenn die Bauleute, nachdem sie fertiggebaut haben, die Pumpen abstellen und die U-Bahn-Stationen wie große unterirdische Dämme im Untergrund herumstehen. Manch Ausweg könnte, so sagen diese bösen Zungen, durchaus im ein oder anderen Keller der Anrainer liegen.

Aber man will ja nicht schwarzmalen, und davor gilt es erst einmal, die nächste Kostensteigerung als irgendwie vorab unplanbar und leider, leider sehr nötig anzukündigen und dann das Ding überhaupt zu eröffnen. Deutschlands kürzeste U-Bahn in spe ist in jedem Fall ein gutes Thema, wenn Sie einmal mit einem maulfaulen Taxifahrer ins Gespräch kommen möchten. Maulfaul oder nicht, Taxifahrer in Leipzig sind übrigens, wie könnte es anders sein, natürlich die besten ihrer Zunft (»Taxistadt« kommt dennoch nicht auf meine Leipzig-lob-ich-mir-Liste). Auch wenn es, wie sie allesamt behaupten, dank des früheren Oberbürgermeisters Lehmann-Grube ein paar hundert zu viel von ihrer Sorte gibt. Aber Konkurrenz belebt laut ADAC zumindest den Service, und so sind die Leipziger im großen Taxitest gleich hinter Nürnberg auf Platz zwei gelandet. Wo war noch gleich Nürnberg? Genau, also die Leipziger wie immer ganz vorn.

Weiter geht es nicht im Taxi, sondern immer noch im roten Doppeldecker Richtung Norden, nach Gohlis, dem bürgerlichsten aller Leipziger Stadtviertel. Das Einfallstor nach Gohlis ist der Leipziger Zoo. Der Chef des Leipziger Zoos ist ein mächtiger Mann. Denn der Zoo ist sehr erfolgreich. Das ist kein Witz. Ich weiß gar nicht, wie viel Umsatz der Laden macht und wie viele Besucher mehr es jedes Jahr wieder werden. Mein Freund Fabian, ein Künstler, geht jeden Montag in den Zoo. Um abzuschalten. Er hat eine Dauerkarte wie andere Leute eine Monatskarte für die Straßenbahn.

Einfach nur nacherzählen muss ich die Anekdote, die der bereits als Sachkundiger in Sachen Rauchwaren eingeführte liebe Kollege Graeser berichtete, der, ausgestattet mit einem Reisehandbuch, welches insbesondere das Seelöwenbassin der Leipziger Zoologischen Gärten hervorhob, dem Zoo einen Besuch abstattete. Die Seelöwen tummelten sich frei in der Pleiße, so war dort zu lesen. Im Zoo allerdings hatte unser Freund Schwierigkeiten, das gepriesene Areal zu finden, und fragte nach dem Weg. Worauf ihm mitgeteilt wurde: »Die Seelöwen haben den Krieg nicht vertragen – sie wollten doch Fische, aber es gab ja keine.«

Das Funktionsjackenträgerehepaar reckt die Hälse wie Bonsai-Giraffen, als von der einzigartigen Menschenaffenanlage, dem Pongoland, die Rede ist. Dort kann man nicht nur den Affen zusehen, sondern auch den Forschern des Max-Planck-Institutes, die ihrerseits wieder den Affen zusehen. »Sieht man ja gar nichts«, sagt die Frau. Ich schaue auf meine Zettel.

Wo früher ein großes Trödellager war, ist jetzt nichts und kommt bald das Gondwanaland, eine riesige Tropenhalle. Wird auch ein bisschen teurer, denn irgendwo gehören Stahlträger eingebaut, und Stahl, genau, ist auch teurer geworden zuletzt. Ist aber niemand wirklich böse, ist eben der Zoo und nicht irgendein Tunnel.

Die Stimme aus dem Lautsprecher leiert ein wenig, als sie das internationale Tigerzuchtbuch erwähnt und unsere Blicke nach rechts schweifen lässt, auf das Parkhaus. Ja, in der Metropole Leipzig ist das Parkhaus des Zoos eine ausgewiesene Attraktion. »Dessen Fassade besteht aus kolumbianischem Bambus«, Lautsprecher Ende. Bleibt ein Parkhaus, denke ich, notiere aber trotzdem alles brav auf meinen Zetteln.

Das Problem mit Stadtführungen ist ja auch immer dieses Zuviel. Zu viele Daten, Namen, Menschen, viel zu wenige Geschichten, denke ich.

Wenig später stehen wir vor dem Gohliser Schlösschen, und ich ertappe mich dabei, wie ich schon wieder auf die Uhr schaue. Dabei ist das Schlösschen wirklich schön. Nur nicht wirklich barrierefrei. Das habe ich im Sommer gemerkt. Da hat mein bester Freund Christoph seinen Mann geheiratet. Ich hatte mich für die Feier extra in einen Anzug gezwängt.

Nicht dass der mir nicht gepasst hätte, das schon. Aber zwei Wochen vorher war ich beim Reiten vom Pferd geflogen und hatte mir einen Lendenwirbel angebrochen, und das war für die Beweglichkeit ziemlich hinderlich. So humpelte ich, gestützt auf einen Regenschirm und mit steifem Rücken, über die Kieswege und die Treppen rauf und runter. Überall raunte es, Mütter und Töchter bedachten mich mit Ahs und Ohs, und wenn ich einmal falsch auftrat, hielt gleich eine ganze Reihe Gäste vor Mitgefühl den Atem an. Ich betrank mich rechtschaffen und mit gutem Durst und konnte irgendwann sogar tanzen. Das eine dankte mir am nächsten Morgen mein Kopf, das andere mein Rücken.

Dem Kaufmann Johann Caspar Richter, der sich dieses kleine Rokokoschlösschen bauen ließ, erging es übrigens noch etwas schlechter: Er starb, bevor das Ding fertig wurde. Wenn ich es mir richtig gemerkt habe, heiratete seine Witwe daraufhin einen Neuen, der es fertigbaute, aber an dieser Stelle kann ich meine Notizen nicht so richtig lesen, weil der Fahrer in diesem Moment den Motor wieder anwarf. Ansonsten hat Leipzig ja anders als Meißen oder Dresden keine Schlösser, es war ja keine Residenzstadt.

Dafür müssen wir nur um ein paar Ecken und fahren schon durch das Waldstraßenviertel mit seinen komplett aus der Gründerzeit erhaltenen Straßenzügen. Zwischen 1871 und der Jahrhundertwende wuchs die Stadt von hunderttausend auf 500 000 Einwohner.

Wie ein Euphemismus für Reihenhaus kommen mir dagegen die frisch errichteten Bauten vor, die uns als Stadthäuser präsentiert werden. So füllt man vielleicht günstig Baulücken, aber Architektur geht für meinen Geschmack anders.

Am Schillerhäuschen halten wir den gesamten Verkehr auf, da wohnte der Meister selbst von Mai bis Oktober 1785. Dann geht es zurück durch das Rosental und den Auenwald. Der zieht sich fast zwanzig Kilometer von Nord nach Süd durch die Stadt. Ich warte auf die Wendung »grüne Lunge« aus den Lautsprechern. Diesen Punkt in Sachen Gehässigkeit aber verliere ich.

Dann kommen die alten Handelsstraßen ins Spiel, die Via Regia und die Via Imperii, die Russland und Spanien sowie Italien mit Skandinavien verbanden. Die kreuzten sich hier, und Leipzig entstand, mutmaßlich weil ein Großteil der Kaufleute keine Lust hatte, noch weiter zu reisen.

Leipziger sind offene Menschen, was man sich leicht mit der geographischen Lage der Stadt in der Leipziger Tiefebene erklären kann. Dadurch, dass sie von allen Seiten offen daliegt, kommen allerhand Leute in die Stadt, gerne auch Feinde mit ganzen Heeren. Da haben die Leipziger schnell gelernt, dass man bei all dem Durchsatz der Fremden und Feinde mit ein wenig Offenheit besser lebt und in manchem Fall vielleicht auch länger.

Das mag opportunistisch finden, wer will, aber ein wenig andienende Höflichkeit, die angesichts manch feindlicher Streitmacht nicht nur die Lebenszeit verlängerte, sondern auch das Geschäft ankurbeln mochte, konnte nicht verkehrt sein. Auch Feinde wollen versorgt sein, oder zumindest die Fremden. Und weil Leipzig so gut lag, schleppten sie alle ihr Zeug hin, die Leipziger wurden immer geschäftstüchtiger, 1497 erhob Kaiser Maximilian I. die bisherigen Jahrmärkte zu Reichsmessen. So wurde Leipzig die Mutter aller Messen.

Leichte Ratlosigkeit bis Genervtheit inzwischen bei dem Mädchen mit dem Rubik-Würfel, sie packt sogar ein Schulbuch aus. Die Funktionsjackenträger haben ihre Symbiose zwischenzeitlich aufgegeben und sitzen nun jeder für sich allein an einem Vierertisch und schauen angestrengt durch die Fenster.

Wir erreichen die Arena und das Zentralstadion. Erinnerungen an Turnvater Jahn. Auch der war in Leipzig aktiv. Ich will ja nichts sagen, denke ich. Schreber, Jahn und dieser Homöopathie-Erfinder. Ziemlich seltsame Gestalten, die sich hier zeitweilig so getummelt haben. Nur bei der WM 2006 war das Zentralstadion gut gefüllt, sonst kommt das leider selten vor. Es sei denn, Herbert Grönemeyer lässt sich wieder mal blicken. Die Geschichte des Leipziger Fußballs ist eine eher tragische. Die Lautsprecher sind schon dabei, die Deutsche Hochschule für Körperkultur zu erwähnen, die hier von 1950 bis 1990 existierte. Allein bei dem Namen bekomme ich eine Gänsehaut. »Sportwissenschaftliche Fakultät« klingt da doch gleich viel menschlicher. Fast hätte ich meine imaginäre Liste vergessen, aber »Sportstadt« hatten wir ja eingangs schon.

Die Stimme spricht jetzt vom Leipziger Westen. Wir lassen den Sport hinter uns und fahren in Richtung Lindenau, Plagwitz, Schleußig. Den Palmengarten zur Linken, biegen wir ab, runter von der Jahnallee und hinein in den Westen.

Leider biegen wir eine Straße zu früh ab und verpassen so die ziemlich in die Jahre gekommene Dependance der Stadtbibliothek, die nicht nur nach ihrem Stadtteil Plagwitz heißt, sondern auch den Namen Georg Maurers trägt, des Übervaters der Sächsischen Dichterschule. Sie wurde 1929 als erste öffentliche Bibliothek der Stadt im Bauhausstil errichtet. Ebenso verpassen wir den wunderbaren Felsenkeller, der als Ballhaus und Versammlungssaal wie auch als Lichtspiel genutzt wurde; Liebknecht sprach hier einmal zu den Arbeitern. Seit der Sanierung ist hier allerdings vor allen Dingen regelmäßig nackte Haut bei irgendwelchen Erotikmessen zu sehen oder auch Körper ganz ohne Haut in einer der umstrittenen Ausstellungen mit präparierten Körpern.

Stattdessen fahren wir in Richtung Industriestraße, da habe ich mal gewohnt, hinten raus konnte man aufs Wasser gucken und auf ein Haus, das in seiner Form in Anlehnung an ein Schiff gebaut wurde, von dort überträgt der MDR alle zwei Wochen die Talkshow »Riverboat«. Früher in Dresden war das Riverboat ein echtes Schiff und lag auf der Elbe. Heute tut man so als ob, indem man die ganze Nachbarschaft in blaues Licht taucht.

Und wenn man als Anwohner alle zwei Wochen das gleiche Spektakel erlebt, wird es schnell langweilig, wenn die B-Prominenz durch den Hintergarten geführt wird. Einmal haben wir sogar Wasserbomben geworfen, auf wen, habe ich aber vergessen. Sportlich war ich noch nie, daher haben wir wohl auch nicht getroffen.

Der Westen von Leipzig, das ist Plagwitz und – das höre ich zum ersten Mal: »Was die Speicherstadt für Hamburg ist, das ist Plagwitz für Leipzig.« Diesmal hat sich der charmante Leipziger Größenwahn meiner Meinung nach einen kleinen Fehltritt erlaubt.

»Hier im Westen siedelte sich die Industrie an, die an Leipzigs Aufstieg maßgeblich beteiligt war. Der Industriepionier Karl Heine war treibende Kraft. Er promovierte als Jurist über die wirtschaftliche Nutzung von Wasserwegen und deren Ufer nach sächsischem Landesrecht. Dann ließ er sich in Leipzig als Rechtsanwalt nieder. 1856 begann er, sein Promotionswissen in die Tat umzusetzen, und ließ in Plagwitz ein erstes Teilstück eines Kanals bauen, der die Weiße Elster mit der Saale verbinden sollte. Mit dem Aushub des Kanals wurden die Sumpfgebiete im Westen trockengelegt. Der Karl-Heine-Kanal existiert bis heute nur auf einem Teilstück von 2,5 Kilometern. Dabei wird er von fünfzehn Brücken überspannt und ist mit kleinen Booten befahrbar.« So schnell kann ich gar nicht mitschreiben.

Aber weil kleine Boote auf niedlichen Flüsschen und Kanälen in Leipzig nicht reichen, hatte schon dieser Heine den Plan, von der Elster zur Saale und von der Saale in die Elbe und damit nach Hamburg und bis aufs Meer zu schippern. Nun, acht Kilometer fehlen noch bis zur Saale. Ein Hafenbecken hat man in Lindenau aber vorsichtshalber damals schon ausgebaggert. Doch auch dort hat man den Anschluss noch nicht gelegt. Zwischen Kanal und Hafen fehlt ebenfalls ein Stück, achthundert Meter, um genau zu sein. Der Hafen ist momentan ein ziemlich heruntergekommenes Areal, aber die Stadt möchte daraus einen Stadthafen machen. Wohnen am Wasser, heißt das Zauberwort.

In Plagwitz überall ehemalige Fabrikgelände. Der Westen war früher einmal der Standort der Industrien in Leipzig. Über hunderttausend Arbeitsplätze fielen hier nach der Wende weg. Einige Fabriken wurden zu Lofts und Wohnungen umgebaut, die bekannteste Umnutzung gelang wohl der Baumwollspinnerei, die mit dem Slogan »from cotton to culture« Künstler und Galerien lockte.

Raus zur Spinnerei fährt der Bus übrigens nicht, was meine Künstlerfreunde freuen wird, die ein wenig genervt sind, weil immer öfter Touristenbusse über das Gelände schwanken. Aber aus Sicht des zahlenden Bustouristen muss ich nun doch sagen, da fehlt jetzt etwas.

Fast hundert Jahre haben hier die Arbeiter, mehr als viertausend waren es mal, im Drei-Schichten-System malocht. Wen wundert, dass die Leipziger Baumwollspinnerei schon zwanzig Jahre nach ihrer Gründung 1884 die größte Europas war. Damit war es 1992 endgültig vorbei.

Noch muss man auf dem Gelände der ehemaligen Spinnerei beim großen Galerienrundgang um die Schlaglöcher herum flanieren. Aber inzwischen steigen die Mieten wieder, und die Suche nach einem Parkplatz auf dem Gelände kann manchmal ganz schön zeitaufwendig sein.

Parkplatzprobleme der dritten Art gibt es ab und an beim Leipziger Flughafen. Denn wenn die Leipziger Künstler und Galerien einmal im Jahr zum Rundgang auf das Gelände der Baumwollspinnerei locken, reist die internationale Sammlerszene standesgemäß mit dem Privatjet an. Da empfiehlt es sich, seinen Parking-Slot am Flughafen rechtzeitig zu reservieren. Aber keine Angst, niemand nimmt es krumm, wenn man bloß mit dem Fahrrad kommt.

Auch Gerd-Harry Lybke nicht, der Eigentümer der Galerie Eigen+Art, nicht nur Galerist von Neo Rauch und der halben Neuen Leipziger Schule, sondern schon selbst fast ein bisschen Legende.

Ohne ihm zu nahe treten zu wollen, ein wenig sieht er aus, wie Regisseure sich in Filmen die sympathischen Schiebertypen denken. Mit leinenfarbenen oder fischgrätgewebten Dreiteilern und Hut oder Mütze, einem geschäftstüchtigen, freundlichen Lächeln und überaus wachen Augen. Müsste man Umtriebigkeit personifizieren, Lybke wäre erste Wahl.

Und so kann man sich auch fragen, ob er die Gerüchte, es gebe für die noch ungemalten Bilder seines Schützlings Rauch schon Wartelisten, vielleicht selbst gestreut hat. »Man muss den Mythos etwas anfüttern«, sagt er.

Nicht nur, dass nun Touri-Busse im Westen ihre Runden drehen, auch die Parkplätze auf der Spinnerei sind jetzt neu gepflastert, was einigen Altbewohnern langsam zu schick wurde. Neulich hat sich jemand echauffiert, dass ein Callcenter eingezogen ist. Ein paar Künstler haben sich anderswo neue Ateliers besorgt. Kunst wird auf der Spinnerei aber immer noch zur Genüge gemacht und ausgestellt.

Während ich also meinen Gedanken über die Kunst im Leipziger Westen nachhänge, fahren wir weiter die Industriestraße hinunter. Keinerlei Erwähnung findet die Speisekammer in Leipzigs Westen, der beste »Späti« überhaupt. Dort kriegt man bis 22 Uhr und auch am Sonntag alles, was das Herz begehrt: Quittenmost vom Saftproduzenten aus dem Umland, alle wichtigen Biersorten, und zwar auch kalt, Premium-Cola mit extra viel Koffein, Obst, Gemüse, jede Menge Öko-Essen und auch Süßkram en masse. Damit so viele Waren in den kleinen Eckladen passen, sind die Gänge richtig eng, jeder Zentimeter der Regale ist ausgenutzt. Hier und da muss man sich quer fortbewegen wie eine Krabbe auf dem Meeresboden.

Wir müssen halten, eine Straßenbahn hat Vorfahrt. Nein, auch die Straßenbahn wird nicht erwähnt. Nicht, dass Leipzig das zweitgrößte Streckennetz in Deutschland hat. Nicht, wie wunderbar die alten Tatra-Bahnen rasseln; nicht, dass die Leipziger sich inzwischen ihre eigenen Straßenbahnen bauen, die Leoliner.

Zurück geht es über die wunderschöne Stahlkonstruktion der Karl-Heine-Brücke an der Villa ihres Namensgebers vorbei, die gerade frisch saniert worden ist, und an lauter kleinen Denkmälern und Statuen, die ich irgendwie wegzappe.

Statt direkt wieder in die Innenstadt zurückzukehren, halten wir uns nun rechts und fahren die Ferdinand-Lassalle-Straße entlang. Die ist so etwas wie die erste Straße am Platz. Ein bisschen 5th Avenue, wenn Sie den Größenwahn an dieser Stelle gestatten wollen. Prachtvolle Bürgerhäuser auf der einen, der Park auf der anderen Seite. Das Leipziger Central-Park-Äquivalent beginnt ebenfalls mit C, Clara-Zetkin-Park heißt es und reicht nahtlos bis an den Auenwald heran.

Es geht vorbei an der Villa von Meyer (nein, nicht der Jungautor Clemens, sondern der Verleger der Lexika) und der Baedeker-Villa, in der heute eine Seniorenresidenz untergebracht ist. Dass man hier vor kurzem eine Tempo-30-Zone eingerichtet hat, halten Auto fahrende Leipziger hinter vorgehaltener Hand bis heute für pure Lobbyarbeit der betuchten Anwohner.

Überhaupt ist Leipzig die Wiege der Sozialdemokratie, lernen wir jetzt, das erkenne man auch an den prominenten Straßennamen: Ferdinand-Lassalle-Straße, August-Bebel-Straße oder Wilhelm-Liebknecht-Platz und Karl-Liebknecht-Straße. Der Funktionsjackensymbiotiker, der aus Franken kommt – so viel hat er mit seiner Frau gesprochen, um das zu erkennen –, kriegt deutlich misslaunige Gesichtszüge. Und so einer trägt eine rote Jacke, denke ich. Sensibel ist was anderes.

Die Sozialdemokratie ist schnell vergessen, wir nähern uns mit tiefem Dieselbrummen wieder der Musikstadt. Genauer: den Thomanern. Deren Thomasschule kommt in Sichtweite.

Von den 91 Jungs seien elf im Stimmbruch, teilt die nie gebrochene Stimme von oben mit. Und ganz lapidar, die hätten dann andere Aufgaben als Singen. Hinter der Stirn unseres Franken arbeitet es hart.

Dann durchqueren wir den Park, zur Linken der Johanna-Park, der Clara-Park zur Rechten, und landen am Kreisverkehr der Karl-Tauchnitz-Straße, die das Musikviertel umfährt. Sehr beliebter Treffpunkt der Leipziger Trachtengruppe: Im Visier haben die Damen und Herren in Grün hier Autofahrer und Radfahrer gleichermaßen. Letztere flüchten sich, wenn sie denn aufmerksam genug sind, noch schnell auf einen der kleinen Seitenwege im Park und suchen die Karl-Tauchnitz-Straße in sicherer Entfernung zu queren. Für die Autofahrer hingegen gibt es kein Pardon. Auch heute nicht. Unseren Bus allerdings lässt man anstandslos passieren. »Schau, Volkspolizei«, greint der Franke. Das Mädchen mit dem Rubik-Würfel atmet hörbar aus.

Wir fahren an drei Hochhäusern vorbei, »Typ Erfurt« schallt es von oben, die alten Zäune verraten, dass hier früher einmal so prachtvolle Villen standen wie die der Galerie für Zeitgenössische Kunst, die jetzt ins Blickfeld rückt. Die Galerie hat vor einiger Zeit einen modernen Anbau erhalten, vom Café wird noch zu schwärmen sein. Über beides verliert der Lautsprecher kein Wort, ich werde schon wieder ranzig.

Und bleibe es, denn statt ins Musikviertel abzubiegen und einmal kurz an der Hochschule für Grafik und Buchkunst, dem versteckten Literaturinstitut, der Hochschule für Musik und Theater Felix Mendelssohn Bartholdy oder der Universitätsbibliothek, der Albertina, und dem Geisteswissenschaftlichen Zentrum vorbeizuschauen, das dort steht, wo das erste Gewandhaus in Leipzig stand, fahren wir geradeaus wieder in Richtung Stadtring.

Über das Musikviertel erfahren wir nur, es sei eine beliebte Wohngegend. Links hinter dem in kleinen Wellen angelegten Rasen neben der Sächsischen Akademie der Wissenschaften kommt das Gebäude des ehemaligen Reichsgerichtes in Sicht, nur einen Steinwurf vom Neuen Rathaus (das übrigens auf den Überbleibseln der alten Pleißenburg errichtet wurde, Sie erinnern sich: 1519, Luther und Kollegen, Leipziger Disputation) entfernt und gleich außerhalb des Leipziger Stadtzentrums. Das Gebäude wurde in der gleichen Zeit wie der Reichstag in Berlin errichtet, und ähnlich imposant ist es auch einer historischen Museums- und Schlösserarchitektur angelehnt. Nachdem das Gebäude im zweiten Weltkrieg stark zerstört worden war, zog in den fünfziger Jahren das Museum der bildenden Künste ein, unter anderem gab es dort eine Ausstellung zu Dimitroff und dem Reichtagsbrandprozess. In den kommenden Jahren wurden Räume des Baus von so unterschiedlichen Untermietern wie der Deutschen Film AG und dem Geographischen Institut auch als Archiv genutzt, bis das Gebäude im Sommer 2002 renoviert und die Heimat für das von Berlin umgezogene Bundesverwaltungsgericht wurde. Die lang gehegten Pläne, den Bundesgerichtshof von Karlsruhe nach Leipzig zu verlegen, scheiterten an den Protesten der Richter. Nur sein zuvor in Berlin ansässiger 5. Strafsenat zog nach Plagwitz.

Wir biegen ab in die Harkortstraße, und wer oben im Bus sitzt, kann in den ziemlich eingepferchten, aber dennoch offenen Lauf der Pleiße blicken, die hier jahrelang unterirdisch floss und nun Stück für Stück wieder freigelegt wird. Und wer am Abend wiederkommt, der kann die komischen Stelen, die den Platz vor dem Gericht die Straße entlang säumen, blau leuchten sehen. Vor ein paar Jahren wurden die Leuchten einmal weiß, da hagelte es Proteste. Nun leuchten sie wieder blau.

Dann biegen wir nach links in die Riemannstraße, im Eckhaus rechts sitzen die wohl besten Grafiker der Republik – ein paar Eindrücke davon hängen manchmal in den großen Fenstern. Es geht ein wenig bergauf, vorbei am Bäcker Friedemann, wo es selbstgeschmierte Leberwurstbrote, der Leipziger sagt »Bemme«, gibt, so dick die Wurst, dass man beim Abbeißen die Zahnabdrücke sehen kann.

Da sieht man schon meinen Kirchturm, den höchsten der Stadt, vor kurzem wurde er saniert und dazu ein ziemliches Stück komplett ab- und wieder aufgebaut. Vorher wurde in meiner Kirche, in der Peterskirche, auch ein Tatort gedreht, und nachts kann ich aus meinem Fenster oben auf dem Kirchenportal den angeleuchteten Engel betrachten. Und ja, Johann Sebastian Bach hat hier auch schon musiziert. »Neugotisch«, sagt der Lautsprecher, und »im Stil französischer

Kathedralen«. Auch egal, denke ich. Mich haben die Wasserspeier am Turm in der Nacht immer auch ein wenig an England und ein bisschen an Batman und Gotham City erinnert, schauerlich schön. Und dass die Kirchenuhr seit der Renovierung wieder die Stunden schlägt, höre ich nicht nur sehr gern, es beruhigt mich auch ungemein und klingt doch so viel besser als ein Wecker oder das Piepen meines Telefons. Mein Lieblingsbuchhändler, der auf der anderen Seite der Kirche wohnt, sieht das etwas anders.

Er hat einen seiner beiden Buchläden mit dem schönen Namen Wörtersee am Anfang der Karl-Liebknecht-Straße, die auf dieser Höhe noch Peterssteinweg heißt, gleich gegenüber der Polizeidirektion, wo man als Student bis vor kurzem noch gemeinsam mit der Staatsmacht die Kantine teilen konnte. Die ist inzwischen komplett umgebaut und hat nun einen anderen Eingang, aber dafür ist das Essen dort auch deutlich besser geworden.

An der Kreuzung Riemannstraße biegen wir nach rechts, wo der Peterssteinweg nun Karl-Liebknecht-Straße heißt und von wo es oft klingelt und rumpelt, wenn die Straßenbahn vorbeifährt und widerspenstige Autofahrer, Radler und versprengte Fußgänger in ihre Schranken weisen will.

Die Karl-Liebknecht-Straße, im Volksmund nur Karli genannt, führt Richtung Süden in den linksalternativen Stadtteil Connewitz. »Karli, sagen die Leipziger, ist Kult«, sagt nun wiederum die Stimme von oben, und ich denke nur, nein, bitte keine Werbetexte mehr.

Auf der rechten Seite das Gebäude der Leipziger Verkehrsbetriebe. Das erwähne ich deshalb, weil es ganz oben eine Kuppel gibt, in der zur Buchmesse Lesungen stattfinden und in der wohl die hohen Herren der Verkehrsbetriebe tagen und von der man einen herrlichen Blick über die Stadt hat. Wenn ich eine zweite Liste aufmachen dürfte, eine Liste mit Orten in Leipzig, an denen ich gerne wohnen würde, nun, die Kuppel der LVB würde es auf jeden Fall auf diese Liste schaffen.

Wenig weiter beginnt dann die wirkliche Karli, die Kneipenmeile. Und vom Areal der Feinkost winkt die berühmte Neonreklame der Leipziger Löffelfamilie, die am früheren Firmensitz des VEB Feinkost Leipzig für Obst- und Gemüsekonserven, tischfertige Gerichte und doppelt konzentrierte Suppen warb, bunt zu uns herüber. Überhaupt die alten Neonreklamen, ein Museum für Lichtkunst, das fehlt dieser Stadt.

Hinter der Feinkost Kneipen und Cafés bis hinunter nach Connewitz und mittendrin die naTo, nein, keine Sorge, keine Horde junger Wilder, sondern ein fast schon legendärer Veranstaltungsort für alternative Kultur, ganz früher mal ein Kulturhaus der Nationalen Front, daher der Name. Schräg gegenüber wartet hinter ihrer Theke Madame Kirchner darauf, dass ich wieder einmal Trüffelkochschinken, halbgetrocknete Tomaten und ein paar von den kleinen Salamis kaufe – und Mortadella. Zu Recht. So nett, so gut, so ohne Folklore-Klimbim ist italienische Feinkost sonst nirgendwo in Leipzig angekommen.

Drum herum gibt es keine Polizeistunde und »rund um die Uhr was zu essen«, was ich, seit es den 23-Stunden-Grill vorne bei mir um die Ecke nicht mehr gibt, stark in Zweifel ziehe. Der hatte nur zwischen fünf und sechs Uhr früh eine Stunde zum Reinemachen geschlossen. Nicht unbedingt ein Laden für die kulinarische Hochkultur, aber doch eine Urleipziger Institution. Das war einmal.

Vorbei geht es nun weiter Richtung Süden bis zum Campus der Hochschule für Technik, Wirtschaft und Kultur. Unter den Markisen des Hotels Seeblick sitzen ein paar bekannte Gestalten, und mir fällt auf, wie lange ich dort kein englisches Frühstück mehr gegessen habe.

Vor dem Connewitzer Kreuz biegen wir von der Karli links auf die Richard-Lehmann-Straße und fahren am Mitteldeutschen Rundfunk entlang. Der ist, so erfahren wir, »im ehemaligen Schlachthof« untergebracht. Samt der sogenannten MediaCity – früher hätte man das vielleicht als Film- und Fernsehstudios bezeichnet. Dort wird auch Deutschlands angeblich populärste Arztserie gedreht: drei bis sieben Sendeminuten täglich »In aller Freundschaft«. Hinter der MediaCity führt der Schienenstrang auf den Bayerischen Bahnhof und das andere Ende des Citytunnels zu, dahinter die Kuppelbauten der früheren Großmarkthalle. 1927 erbaut, steht der stets nur Kohlrabizirkus genannte sonderbare Hallenbau nun etwas verloren im Nichts herum. Der eine Teil taugt heute zum Schlittschuhfahren, im anderen wird ab und an getanzt oder der Hallenflohmarkt abgehalten.

Wir fahren vorbei am ehemaligen Gasometer, das heute Panometer heißt. Die größten 360-Grad-Panoramen sind dort zu sehen, zuerst ein Panorama des Everest, danach das Alte Rom, es folgt ein Urwaldpanorama Amazoniens. Nach der Menge der Touristenbusse zu urteilen, ist das hier eine Brot-und-Spiele-Veranstaltung.

Wir lassen den MDR links liegen und können schon wenig später die Silhouette des Völkerschlachtdenkmals erkennen. Dort angekommen, heißt es anhalten und aussteigen. Auf den Südfriedhof (»zwei Drittel Park, ein Drittel Friedhof«) gehen wir nicht, sondern auf das wohl hässlichste Denkmal Deutschlands zu. Es ist ein wirkliches Trumm von einem Denkmal. Aber ich will darüber nicht zu viele Worte verlieren: Bei Erich Loest im Roman und bei Erdmann Graeser in seinem 1921 erschienenen Artikel wurde bereits genug geschrieben über den Trumm.

Alle steigen wieder ein, und zu den Funktionsjackenträgern gesellt sich ein weiteres Pärchen, »uns zieht es oben zu sehr«. Tür zu und weiter. Dann geht es, als müssten wir verbummelte Zeit aufholen, rasend schnell zurück in die Stadt, kein Blick in den wilden Leipziger Osten, kein Blick in die Villenviertel. Über die Prager Straße, an der sich wie eine Schlange Potemkinsche Bürodörfer bis in die Innenstadt ziehen, wie es der Kabarettist Tom Pauls einmal treffend gesagt hat, geht es nur ein kleines Stück.

Wir fahren unter der großen Einfahrt zum Alten Messegelände hindurch, ein 27 Meter hohes, übereinandergelegtes doppeltes M, das MM, das Symbol der Leipziger Messe bis heute. Die Stimme sagt, es stehe für »Menschliche Messe«, mir graust es, und für »Messe und mehr«, ich muss würgen. Für mich steht es für Mustermesse, die neue, in Leipzig erfundene Form der Warenmesse, oder von mir aus auch für die »Messe der Meister von morgen«. Die Fahrgäste im oberen Stockwerk fürchten bei der Durchfahrt unter dem silbernen Doppel-M um ihre Köpfe, zumindest wird von oben ein Raunen laut. Der Chauffeur ruft: »Keine Sorge, das beule ich morgen wieder aus.« Kurzer Szenenapplaus.

Nachdem die dreißig Messehäuser in der Stadt zu klein waren, um dem Ansturm der Händler standzuhalten, baute man ab 1918 das Alte Messegelände als zusätzliche Anlage. Wir fahren vorbei am russischen Pavillon mit seiner goldenen Krone, davor der HIT-Supermarkt, sehr wichtig für die Grundversorgung, ich bin ein Fan!

Auch die Deutsche Bundesbank hat es mit einer Filiale auf die Messe verschlagen, und irgendwo gibt es einen Hubschrauberlandeplatz, da ist Elton John vor seinem Konzert am Völkerschlachtdenkmal gelandet. In die schöne Kuppelhalle ist eine Großraumdisko eingezogen.

Dann fahren wir vorbei an der Deutschen Bücherei, die bei uns nur DB heißt, wobei man hinter jeden Konsonanten einige E packen muss, damit es richtig klingt, und die gerade mal wieder einen neuen Anbau verpasst bekommt, weil die Deutschen so viel publizieren, und seit kurzem Deutsche Nationalbibliothek heißt. Täglich, so lernen wir aus den Lautsprechern, erreicht die DB ein Konvolut von 1200 neuen Medien. Medien deshalb, weil hier lange nicht mehr nur Bücher und Journale archiviert werden, sondern auch so neumodische Dinge wie DVDs. Im Übrigen gilt in der DB das Motto »Nur lesen, nicht leihen«, sie ist eine Präsenzbibliothek, aber dort lernt und liest es sich eh stilvoller als zu Hause.

Noch ein Blick auf die Russische Gedächtniskirche, die hier erbaut wurde, weil die meisten der 1813 gegen Napoleon gefallenen Soldaten Russen waren. Die Kirche wurde mit dem Völki zusammen eingeweiht. Wieso gerade an dieser Stelle auf meinen Notizzetteln etwas vom Neuseenland steht, von sechzig Quadratkilometern gefluteten oder noch zu flutenden Braunkohlebergbaulöchern, die südlich der Stadt ein einzigartiges Naherholungsgebiet bilden – keine Ahnung. Das hätte schon viel früher kommen müssen, quasi die Karli weiter bis Connewitzer Kreuz und dann immer geradeaus nach Markkleeberg. Das kleine Städtchen ist inzwischen so etwas wie der Speckgürtel Leipzigs geworden, und der Cospudener See, an den beide Gemeinden, Markkleeberg und Leipzig, grenzen, ist der größte der insgesamt achtzehn Seen.

Achtzehn ist überhaupt das Stichwort. Schließlich fahren wir die Straße des 18. Oktober hinunter durch das erste Neubaugebiet in Plattenbauweise, gebaut aus dem Typ »Erfurter« – Sie erinnern sich vielleicht, von den Dingern haben wir im Musikviertel schon drei gesehen – und den »Elf-Geschossern«. Dann haben wir auch schon den Bayerischen Bahnhof erreicht.

Der wurde 1843 gebaut und verband Leipzig mit Hof. Wegen des zwei Kilometer langen Citytunnels hat man den großen Portikus in Millimeterarbeit um ganze dreißig Meter versetzt. Der MDR machte daraus eine Riesensondersendung, und eine riesige Zuschauermenge konnte bei Bratwurst und Bier feststellen, dass man mit bloßem Auge gar nicht sehen konnte, wie sich das Ding verschob. Wenn alles fertiggebaut ist, wird es wieder zurückgesetzt. Nebenan im Restaurant Bayerischer Bahnhof gibt es Gott sei Dank keine Unterbrechungen wegen der Bauarbeiten, hier lässt sich weiterhin herrlich biergärtnern bei Leipziger Gose aus der hauseigenen Brauerei und deftigem Essen.

Die Ampel springt auf Grün, und weiter geht es, die Straße des 18. Oktober heißt nun Windmühlenstraße. Ich blicke kurz auf und sehe die alte Leuchtreklame *Wie aus dem Ei gepellt durch* und meine Waschfrauen hinter dem großen Fenster, und vor dem Café Cantona stehen ein paar Leute und rauchen und trinken ihren Kaffee im Stehen vor der Türe.

Noch einmal ein Blick auf das Neue Rathaus – diese Zuckerbäckertrutzburg der Verwaltung –, das man gebaut hatte, na klar, weil das Alte Rathaus am Markt zu klein wurde, der Turm übrigens hundertzwölf Meter hoch.

Ein kleiner Schlenker noch an der Stadtbibliothek am Wilhelm-Leuschner-Platz vorbei, die früher einmal das Grassi-Museum beherbergt hat, wie der Lautsprecher mitteilt. Mit Blick auf den Uniriesen, auch Weisheitszahn genannt, 1970 erbaut in Form eines aufgeklappten Buches. Er sollte ein

Symbol für die Buch- und Wissenschaftsstadt sein. 114 Meter hoch gibt es ganz oben eine Aussichtsplattform, auf der ich noch nie war (ausgeprägte Höhenangst), und ein Restaurant (Touristenalarm). Heute ist nix mehr Uni im Uniriesen, das Teil gehört angeblich einer Bank, die daraus ein Bürohochhaus gemacht hat. Viele Etagen stehen leer, wird kolportiert.

Wir biegen auf den Ring ein und können hinter einem kleinen begrünten Hügel einen Blick auf die Gewölbekeller der Moritzbastei werfen. Die MB wurde unter anderem von Angela Merkel wieder freigelegt, die studierte damals Physik in Leipzig. Und musste wie viele andere damalige Studenten zum Arbeitseinsatz, die Gewölbekeller freischippen. Ob sie seitdem wieder mal in Europas größtem Studentenclub ein Gläschen trinken war, ist nicht bekannt. Gegenüber liegt in der gesamten Länge der Kurve die sogenannte Ringbebauung, ein Stalin-Prachtensemble wie auf der Karl-Marx-Allee in Berlin, mit dem wunderbaren Ring-Café, heute zwar kein ständiges Café mehr, aber für die schon etwas erwachseneren Erwachsenen ein beliebter Ort für einen Tanztee und ähnliche Veranstaltungen.

Wenig später fahren wir über den Augustusplatz (kommt auch nicht in meine Hitliste, ist aber mit vierzigtausend Quadratmetern angeblich Deutschlands größter Stadtplatz und soll, kaum zu glauben, früher auch einmal einer der schönsten gewesen sein) zwischen Gewandhaus (wo lange Zeit Kurt Masur wirkte und heute Riccardo Chailly dirigiert) und Oper entlang, bis wir wieder vor dem Hauptbahnhof stehen. – Nein, vorher halten wir noch einmal mitten auf dem Platz und schauen hinüber zur Baustelle, wo einst die 1968 gesprengte Paulinerkirche, die Universitätskirche, stand und wo jetzt der neue Campus der Universität Leipzig gebaut wird, in dessen Zentrum das Paulinum steht. Wenn es eine Großstadt ohne Provinzposse geben sollte, gehört Leipzig leider nicht dazu. Man stritt heftig um den Wiederaufbau der Unikirche und anschließend darum, ob es im Paulinum eine Glaswand gibt oder nicht und was nun Kirche ist und was Aula oder wie.

In diesen Streit musste sich als Schlichterin Bundesanwältin Monika Harms einschalten. (Hat die eigentlich sonst nix zu tun?) Neuerdings hat das Ding nun einen monströsen Namen: »Paulinum. Untertitel: Aula, Universitätskirche St. Pauli«. Hoffen wir nur, dass es mit diesem Kompromissnamen so wird wie beim Berliner Hauptbahnhof. Oder erinnert sich noch einer, dass der einst »Lehrter Bahnhof – Berliner Hauptbahnhof« hieß? Irgendwann schaffte die Bahn den Schwachsinn dann ab.

Apropos Leipziger Stadtbild. Gleich nebenan steht noch ein ehemaliges Streitobjekt: das Krochhochhaus. Als es Ende der zwanziger Jahre errichtet wurde, galt die Maxime, dass kein Haus über die Giebellinie der Wohn- und Geschäftshäuser in der Innenstadt hinausragen dürfe. Auf der Suche nach einer Lösung verfiel man auf die eigenartige Idee, die obersten vier der elf Stockwerke, um die das Haus die umliegenden überragen würde, erst einmal als Modell draufzusetzen, damit sich das Ganze betrachten ließ. Nach dem Motto:

Passt es, oder passt es nicht? Das Resultat können Sie heute noch anschauen.

Dann stehen wir doch endlich wieder vor dem Bahnhof, und ich habe Kopfschmerzen wie lange nicht von all dem Zuhören, von all dem Mitschreiben und von dem Gewackel des Busses. Vielleicht sind auch Dieselschwaden durch das Innere gewabert. Oben klatschen sie wie bei der Landung eines Billigfliegers auf Mallorca, und unten gehen die Türen auf, das Mädchen hat den Rubik-Würfel schon weggepackt, und die Funktionsjackensymbiotiker ziehen die Reißverschlüsse zu. Aber noch vor ihnen springe ich aus der sich öffnenden Türe, den Blick auf den Boden geheftet, den Mantelkragen hochgeschlagen, und entferne mich mit schnellen Schritten, bis ich vor dem Bahnhof stehe.

Ich schaue auf und gehe nun gemessenen Schrittes durch die Westhalle und die Stufen empor zum Querbahnsteig. Im alten Wartesaal kaufe ich ein wenig internationale Presse und nebenan bei CoffeeCulture einen doppelten Irgendwas mit fettarmer Milch, dann setze ich mich auf die Bänke von Bahnsteig 14, wo man einen guten Blick auf die Fernreisenden hat, und höre Musik, lese in den gerade erworbenen Magazinen, trinke meinen Kaffee und beobachte die Leute – und fühle mich gleich wieder ganz erholt.

So – und jetzt lassen Sie uns überall dahin gehen, wo rote Doppeldecker nicht fahren, und mein Leipzig besuchen.

2.

Wo speisen wir?

Sie gehört zum Deutschlandbild wie Schrankwand, Schützenfest und Schrebergarten: die Eckkneipe. Ich schicke mich selbst an die vorderste Gaststättenfront.

In meinem Portemonnaie gibt es nur einen einsamen Fünfzig-Euro-Schein. Den muss ich im Kiosk an der Tramhaltestelle dringend noch wechseln, denke ich und ziehe mich um. Alte Lederschuhe. Eine Stoffhose, an den Knien abgewetzt, und meine alte olivgrüne Jacke. Eigentlich müsste ich die Pseudointellektuellenbrille abnehmen, aber dann bräuchte ich erst gar keinen Alkohol zu trinken, um benebelt zu wirken. Die Haare sind ein wenig zu lang, aber ich bin ja auch nicht Günter Wallraff. Das Handy lasse ich zu Hause. Ebenso jede Art von Ausweisdokument.

Für den Fünfzig-Euro-Schein habe ich mir ein Päckchen Filterlose gekauft und den Rest klein in Fünfern und Zehnern zurückgeben lassen. Es ist 18.06 Uhr, in Leipzig scheint die Sonne, es sind sechzehn Grad. Bei Sonnenschein fühle ich mich in einer Eckkneipe noch deplatzierter.

Mein erstes Ziel findet sich in der Innenstadt. Ich trete aus der Haustür und halte mich rechts, vorbei an FlowerPower und Hexenkessel, die Karli in Richtung Innenstadt, schnell über den Burgplatz und rein in die Pleißenburg. Der Freisitz ist mit Sichtschutz in alle Richtungen ausgerüstet, quasi Eckkneipen-Feeling mit Freiluftbonus. Vereinzelte einzelne Herren sitzen vor großen Pils und rauchen. Ich bestelle eine Soljanka, einen Camembert mit Preiselbeeren und ein Pils. »Welche Größe?«, werde ich gefragt. Ich versuche mich in meiner Rolle und sage: »Für mich gibt es nur eine Größe.« Die Kellnerin lächelt, und von links nickt man zustimmend herüber. Die »Hausmarke« schmeckt eigentlich nicht so schlimm, dass man den Namen nicht verraten dürfte, und bis das Essen kommt, schaffe ich auch das zweite Pils. Die Soljanka kommt mit einer großen Haube süßer Sprühsahne, die auf einer Orangenscheibe balanciert. Die Suppe darunter schmeckt, wie Soljanka schmecken muss. Der Camembert kommt auf einem viereckigen schwarzen Teller, auf dem er sich ein wenig verliert. Dafür sind die Beilagen einfallsreich und vielseitig: ein wenig Eisbergsalat mit Maiskörnern hier, ein paar Gurkenscheiben da, zwei Toastdreiecke, die Preiselbeeren ruhen, genau, auf einer Orangenscheibe und darauf leuchtend weiß eine fette Raupe aus süßer Schlagsahne. Vielleicht hätte ich doch das Schnitzel nehmen sollen. Das dritte Pils bringt mich wieder in Schwung, ich zahle.

Ich kaufe mir ein Eis beim Italiener und beschließe, das niemandem zu sagen. Aber Belohnung muss sein, schließlich habe ich die erste Station geschafft. Es ist noch nicht zwanzig Uhr, ich bummele durch die Innenstadt in Richtung Bahnhof. Wie automatisch laufe ich in den Bahnhof hinein, als von hinten plötzlich jemand meinen Namen ruft. Schnell lasse ich das Eis in einen Mülleimer fallen.

Es ist Michael Fiedler, das alte Lokschwein. Wir haben zusammen am Literaturinstitut studiert. Er ist ein großer Fan von Lok Leipzig und außerdem Schiedsrichter in der … hm, Moment, wie hieß diese Liga gleich? Ich vergesse das immer. Außerdem ist er der einzige Lyriker, den ich kenne, der ein ausgeprägtes Faible für Videospiele hat.

»Bierchen?«, fragt er zielgerichtet, und so sitzen wir keine Minute später bei zwei großen dunklen Staropramen im Gleis 8, einem Glaskasten im Bahnhof, der mir vorher noch nie aufgefallen war. So schön der Leipziger Bahnhof auch ist, eine richtige Bahnhofskneipe fehlt. Das Gleis 8 hat eine Computerkasse, aber das Interieur wirkt wie ein in die Jahre gekommener Regionalzug, und draußen wirbt ein Schild für die Happy Hour. Montag bis Freitag von 10 bis 11.30 Uhr kostet das große Bier 2,50 statt 3,40 Euro. Das muss man sich merken. Ich erzähle von meinem Rechercheauftrag. Michael bietet an, mich zu unterstützen. Das ist wahre Freundschaft.

So marschieren wir zu zweit aus dem Westausgang und die Kurt-Schumacher-Straße am Buchmacher vorbei zum Optiker. Dunkel ist es immer noch nicht, und die Herren, die um die kleine Theke sitzen, verstummen kurz, als wir uns grüßend durch die offene Tür schieben. Es gibt hinten bei den

Herrenklos ein kleines Séparée, da setzen wir uns und bekommen zwei große Pils. Michael muss mich nicht lange davon überzeugen, nicht zu fragen, ob es auch was zu essen gibt. Vorne redet jemand italienisch oder so, und im Radio singt es »Take my breath away«, während die Wirtin die Tür zum Damenklo schließt. »Oder steht ihr da drauf?« Wir schütteln schnell die Köpfe und starren ins Bier. »Die Schönheit liegt in den Details«, meint Michael und bewundert die Serviette, die ordentlich unter dem Aschenbecher drapiert ist. Wir rauchen und blicken abwechselnd aus dem vergitterten Fenster in den zugemüllten Hof und versuchen zu hören, ob es nun Italienisch, Rumänisch oder sonst was für eine Sprache ist, die vorne gesprochen wird. Zwischendurch lacht die Wirtin auf Deutsch. Ich zahle sechs große Pils. Draußen wird es endlich dunkel.

Ob es an den Energiepreisen liegt oder ob man das im Buben gemütlich findet, man weiß es nicht. Auf jeden Fall ist das Licht bis auf ein paar kleine Lämpchen in der Bar ausgeschaltet. Stände die Tür nicht offen, wären wir wohl vorbeimarschiert, potenzielle Eckkneipen finden sich rund um die Eisenbahnstraße schließlich genug. Drinnen sitzt eine Riege älterer Herren, randlose Brillen, graue Haare, Tattoos auf den Armen. Der Empfang ist freundlich, im Radio spielen sie leise »Love won't come easy«. Die Biergläser baumeln kopfüber von der Decke der Bar, und im Regal stehen Mariacron, Jim Beam, Pott 40 und Jack Daniel's in Reih und Glied. Der erste Gast wird von der Wirtin zum Taxi geführt.

Wir haben Hunger. Chicken Wings, Pommes und das Dritte von der Karte (ab hier kann ich meine Notizen vom Abend endgültig nicht mehr lesen) sind aus. Aber es gibt für jeden von uns noch einen Knacker, so heiß, dass das Fett herausläuft beim Reinbeißen. Es lebe die Mikrowelle. Dazu einen Klacks Senf und eine gute Scheibe Graubrot.

Im Buben gibt es Ur-Krostitzer vom Fass, und das wirkt fast wie Aspirin. Die Kopfschmerzen von Hausmarke, Braustolz und den anderen Großen sind wie weggewischt. Um Geld zu sparen, laufen wir die Eisenbahnstraße entlang zurück Richtung Bahnhof.

Kurz vor dem Bahnhof winken wir dann doch ein Taxi heran. Ich sage: »Industriestraße, Ecke Könneritz«, weil mir der Name von der Pinte nicht mehr einfällt. »Ah, zum Mexikaner, sagt der Taxifahrer. Nein, nicht zum Mexikaner, denken Michael und ich, aber wir sagen nichts und lassen uns beim Mexikaner absetzen. Beim Aussteigen entdecken wir eine Gruppe befreundeter Absolventen der Kunsthochschule.

Wir ziehen gemeinsam weiter in die Zwanzig. In der Zwanzig gibt es ein feines Raucherzimmer mit lauter kleinen leeren Schnapsflaschen an der Wand. Wir bestellen ein paar Wiener und viele große Pils und bekommen Bierdeckel und Kugelschreiber, wir sollen selbst unsere Deckel führen. Irgendwie gelingt das auch.

Wieder zu zweit, laufen Michael und ich durch den Wald zurück in Richtung Südvorstadt. Weil es hier so viele Bäume gibt. Außerdem müssen wir uns den Weg nicht mit anderen

Verkehrsteilnehmern teilen, und das ist gut so. Wir gehen relativ raumgreifend. Dann stehen wir auch schon in der Riemannstraße.

»Kein Absturz ohne FlowerPower«, sagt Michael und zieht mich hinein.

Ich sage: »Das Geld ist doch schon weg.«

»Egal«, sagt er und winkt mit einem Geldschein.

Wir bestellen. Und setzen uns nach draußen. Die Vögel singen.

»Ich habe mal gehört«, sage ich, »dass die Vögel in der Stadt dreimal so laut singen wie auf dem Land.« – Michi Fiedler sagt nix, er guckt bloß.

Vielleicht geht es einfach nicht mehr anders.

»Weil die sich bei all dem Lärm sonst nicht hören würden.«

Auf Kommando rollt eine Bimmel über die Karli, und die Uhr von der Peterskirche schlägt drei viertel sechs.

Michael nickt.

Irgendwann ist auch Michaels Geldschein ausgetrunken und der Himmel hell. Ich begleite ihn noch bis zum Bayerischen Bahnhof, er geht weiter in Richtung Alte Messe. Er wohnt in dieser wunderbaren Siedlung an der Straße des 18. Oktober. Ich stecke die Hände in die Jackentaschen und wandere die Windmühlenstraße entlang. In der einen Jackentasche steckt noch ein Zehner. Die Waschfrauen von Röver winken durch das Fenster, ich winke zurück. Vor dem Cantona stehen schon Stühle und Tische. Ich setze mich und mache die Augen erst wieder auf, als mit einem leisen »Bitte schön« eine große Johannisbeerschorle und ein Cappuccino vor mir stehen. Die Bedienung, der beste Gimlet-Mixer der Stadt, kann auch Frühstück und Milchschaum. Er blinzelt mich an. »Ein englisches Frühstück?«, fragt er, obwohl es eher klingt wie eine Feststellung. Ich kann nur noch nicken, aber es fühlt sich verdammt gut an, wieder zu Hause zu sein.

Wenn ich einen Tag einmal richtig gut anfangen will hier in Leipzig, dann gehe ich ins Café. Erste Wahl für ein gediegenes Frühstück à la carte ist das Café Grundmann an der August-Bebel-Straße. Ich trinke dann eine Melange und ein Glas Quittenschorle und beobachte das Kaffeehaustreiben, im Grundmann geht es schon morgens hoch her. Ich bin nicht der Einzige in Leipzig, der das echte Art-déco-Ambiente und die hervorragende Karte zu schätzen weiß.

Das Café ist seit seiner Gründung ein Treffpunkt für Künstler und Autoren. Im Grundmann gab es wie in den anderen Kaffeehäusern zahlreiche Stammtische und natürlich auch Lesungen. Legendär sind mittlerweile die Chanson- und Jazzabende. Das Grundmann ist das letzte echte »Wiener Kaffeehaus« in Leipzig. 1930 ließ Alfred Lutze neben den Wandverkleidungen, Thonet-Stühlen, Garderobenständern und Eckbänken unter anderem auch eine verglaste Veranda bauen. Das Café wurde 2000 nach einer umfassenden Renovierung wiedereröffnet und ist heute das einzige im Art-déco-Stil erhaltene im mitteldeutschen Raum. Dafür muss man dem Besitzer Ecki Grundmann dankbar sein.

Wir kennen uns quasi seit meiner ersten Begegnung mit Leipzig, was weder er noch ich wirklich wussten. Mein erstes Mal Leipzig. Das war neben dem Bahnhof und den Straßenbahnen, in denen ich nicht sah, wohin ich fuhr, die Fockestraße, eine geile WG, dort wohnte ein Freund, der später einfach so im Publikum saß, als wir Studenten vom Literaturinstitut die erste *Tippgemeinschaft* veröffentlichten. Einfach so, angereist aus München. Ich weiß es noch wie heute, er hatte in seinem WG-Zimmer eine CD mit so Didgeridoo-Sounds im CD-Player und eine Zeitschaltuhr als Wecker. Ich war schwer beeindruckt.

Noch mehr beeindruckt aber war ich damals in den neunzigern vom Café Maître. Ich müsste mich erinnern an das Interieur, an Dieter, der dort arbeitete, und an den Tisch, der immer frei war für den Dichter Andreas Reimann. Aber nichts da. Ich erinnere mich nur an mein erstes Schwarzbier – so gut! Und an das zweite und an das dritte erinnere ich mich schon nicht mehr so richtig, aber die Erinnerung an den nächsten Morgen ist geblieben, nicht allein wegen des Weckers. Das Maître, und hier schließt sich der Kreis, gehörte ebenfalls Ecki Grundmann. Leider, leider steht es bis heute leer, weil der Vermieter sich dachte, er könnte mal ein wenig die Miete erhöhen.

Vom Grundmann kommt man, wenn man einen kleinen Bogen geht, durch den Clara-Zetkin-Park. Ein guter Weg für einen Verdauungsspaziergang. Am Ende des Parks, dort, wo das Musikviertel beginnt und es nur noch ein Katzensprung ist bis in die Innenstadt, wird es Zeit für einen neuerlichen Kaffee.

Ich gehe dann zum Beispiel ins Paris Syndrom. So heißt eines meiner Lieblingscafés im Leipziger Musikviertel. Viele Gäste kennen das Paris Syndrom, das abends zur Bar wird, noch unter dem Namen Weezie. Bald heißt es wieder anders, denn das Café gehört zur Galerie für Zeitgenössische Kunst (wir sagen nur GfZK) und ist selbst ein bisschen Kunstprojekt. Alle paar Jahre wird ein internationaler Künstler beauftragt, Einrichtung und Namen neu zu erfinden. Das Café Telegraph, die Lucca-Bar in der Innenstadt und das Ihnen bereits geläufige Cantona im Süden sind drei weitere Anlaufstellen, bei denen man tagsüber wie abends mit einem Besuch nichts falsch machen kann.

Und wer will, der macht sich einfach auf und sucht sich sein eigenes Lieblingsplätzchen für Kaffee oder Bier. Egal ob auf der Karli Richtung Süden, in der Münzgasse oder auf der Gottschedstraße, die Leipziger Kneipenmeilen haben garantiert für jede Laune und jeden Abend einen anderen Laden parat.

In der Gottschedstraße ist außerdem das Leipziger Schauspiel untergebracht, das jetzt sehr viel schöner wieder Centraltheater heißt. Auch die kleine Bühne, die Skala, ist gleich um die Ecke und einen Besuch ebenso wert wie das Schauspielcafé Pilot oder das Barcelona, in dem es wunderbare Tapas und auch sonst feines Essen gibt.

Überhaupt verbindet die Sachsen ja eine Menge mit dem

Kaffee, nicht umsonst gibt es den Begriff Kaffeesachse. Den Namen weg haben die Kaffeesachsen angeblich seit dem Siebenjährigen Krieg. Der preußische König Friedrich II. soll die Sachsen so genannt haben, weil sie den Einsatz verweigerten: »Ohne Gaffee gönn mer nich gämpfn!«

Wie die Briten, die, man schaue nur Asterix, um sich zu überzeugen, dass alles wahr ist, für ihr Glas heißes Wasser pünktlich um fünf die Schlachtfelder zur Tea-Time verließen, so wurden die sächsischen Soldaten für ihre Kaffee- und Kuchengelage auf Europas Kriegsschauplätzen bekannt. Die waren zumindest bekömmlicher als so manche Gewehrkugel. Den Begriff »Kaffeesachse« findet man sogar im Wörterbuch der Gebrüder Grimm.

Die Sachsen und damit auch Leipzig haben viel zum Siegeszug des Kaffees in Deutschland beigetragen. Allein schon, dass man Kaffee heute aus Kaffeetassen trinkt, verdanken wir ihnen. Genau, das Porzellan für die Kaffeetafel kommt von hier, wenn auch – zugegeben – nicht direkt aus Leipzig. Ebenso geht wohl die Sitte des Nachmittagskaffees auf die Sachsen zurück.

Schon 1694 wurde »das Kaffeegetränk« in Leipzig öffentlich ausgeschenkt, und 1697 folgte – Ordnung muss sein – die erste »Kaffeehaus-Ordnung«. Nötig war die Kaffeehaus-Ordnung wohl, weil die Etablissements anders als in der heutigen Zeit einen eher zweifelhaften Ruf genossen und anscheinend nicht nur Kaffee ausgeschenkt wurde, was auch zu der ein oder anderen Rauferei geführt haben mag.

Dass man den Kaffee aber als Blümchenkaffee trinken soll, also so dünn, dass man die Blümchen auf dem Tassengrund des Meissener Porzellans sieht, davon stand nichts darin. Das wurde eher Mode, weil sich der ein oder andere privat ein teures Service zulegte und dann am Kaffee sparte. Vielleicht war das ja aber auch Absicht und der Kaffee nur so dünn, damit alle das teure Blümchen auf dem Tassengrund sehen konnten.

Zum Glück ist dieser Unfug heute vorbei, und man bekommt überall neben dem Kännchen oder dem Filterkaffee auch alle Kaffeespezialitäten, die man zum täglichen Überleben so braucht.

Von der Schlechtigkeit des täglichen Kaffeekonsums zeugen nicht nur die Kaffeehaus-Ordnungen, sondern handelt auch die Kantate, die sich im Bach-Werke-Verzeichnis unter der Nummer 211 als *Schweigt stille, plaudert nicht* findet, die Kaffeekantate.

Während JSB in seinen meisten weltlichen Kantaten irgendwelchen Oberen huldigte – was man verstehen muss, der Mann brauchte schließlich Geld –, droht in der Kaffeekantate ein gewisser Herr Schlendrian seiner holden Tochter Liesgen, ihr die angebliche Unsitte des täglichen Kaffeetrinkens auszutreiben. Die willigt aber erst ein, als Papa ihr signalisiert, sie dürfe mit seinem Segen auch endlich einmal heiraten. Aber das Fräulein, gar nicht dumm, lässt unter der Hand verbreiten, dass ihr nur der Mann unter die Haube komme, der ihr auch in der Ehe das Kaffeetrinken nicht verbiete.

Vielleicht hätte sich Liesgen auch einfach an die Schokolade halten sollen? Die war ja ähnlich populär damals. Womit wir ein neues Stichwort hätten: Schokoladenstadt Leipzig. Stadt meiner süßen Träume. War das wirklich mal? Die Knusperflocken von Zetti sind zwar ganz nett, aber Schokoladenstadt?

In der Innenstadt kann man dieser historischen Facette noch mit einem Besuch im Café Riquet nachspüren, einstmals auch eine Schokoladenmarke. Außerdem gibt es in der Stadt einige Schokoladenläden, ein Trend, den man auch aus anderen Städten kennt, aber bei der Geschichte ist er mir in Leipzig nun gleich doppelt plausibel.

Das Café Felsche neben der Paulinerkirche hätte ich gern einmal besucht, gibt es aber leider nicht mehr. Dort soll es einen eigenen Schokoladenbalkon gegeben haben, aber ob man dort oben nun ausschließlich Schokolade konsumieren durfte oder das Ding gar aus Schokolade gewesen ist? Vielleicht habe ich mir das auch einfach nur falsch gemerkt, quasi Mischung aus Größenwahn und Wunschtraum.

Das vom Schokoladenfabrikanten Wilhelm Felsche errichtete Haus wurde 1943 komplett zerstört. Bevor es als Café Felsche bekannt wurde, war es unter dem Namen Café Français eines der wichtigsten Leipziger Cafés.

Übrigens, die einzige Nummer, mit der man mich rumgekriegt hätte, irgendwo für den originalgetreuen Wiederaufbau der Paulinerkirche am Augustusplatz zu unterschreiben oder gar zu spenden, wäre gewesen, wenn man auch das Café

Felsche wieder mitaufgebaut hätte. Es sah zu wunderbar aus, und gerne hätte ich dort vom Schokoladenbalkon herunter residiert. Wobei mir einfällt: Was ist eigentlich mit den ganzen Millionen für den Wiederaufbau?

Ich habe gelesen, im Neubau des Paulinums von Erick van Egeraat wird auch ein Kaffeehaus eingeplant, hoffen wir nur, dass keine Kaffeekette einzieht.

Ein wenig die Straße runter in Richtung Bahnhof gründete 1912 der Konditormeister Ernst Fischer die Konditorei Corso. Er pachtete vom ehemaligen Hofkonditor Gustav Hausmann das Kaffeehaus Fürst Reichskanzler an der Ecke zum Brühl. Es war ein Lesecafé mit zweihundert in- und ausländischen Zeitungen. Damit nicht genug, 1926 eröffnete er ein weiteres Konzert- und Lesecafé am Augustusplatz.

Wie das Felsche fielen auch das Konzertcafé Corso und seine Konditorei »Fürst Reichskanzler« 1943 den Bomben zum Opfer. Aber der fleißige Konditor konnte schon im Jahr darauf das Café Hennersdorf im Gewandgäßchen übernehmen. Das Café Hennersdorf, in dem sich Intellektuelle und Studenten die Klinke in die Hand gaben, zählte zu den vielen historischen Bauten, die der Ära Ulbricht zum Opfer fielen.

Bis heute existiert in der Brüderstraße allerdings die Bäckerei, in der seit 1944 die Hennersdorf'schen Konditoreiwaren hergestellt wurden. Sie mauserte sich zu einem kleinen Café mit Ladengeschäft.

Nach der Einheit ging das zwischenzeitlich verstaatlichte Unternehmen wieder in Familienbesitz über. Das Corso in der Brüderstraße wirkt auf mich heute mit seinem kleinen Ladenraum und den wenigen Tischen immer wie ein Geheimtipp, es ist so niedlich und liegt, wenn auch eigentlich einfach und schnell erreichbar, doch sehr versteckt. Ich kaufe dort manchmal Nougatröllchen und andere Dinge, von denen der liebe Gott und meine Frau Mama nichts wissen dürfen. Aber so herrlich kühl ist diese Creme im Mund. Ich geh gleich noch einmal hin.

Von billig saufen und lecker Kaffee trinken nun aber endlich zu gut und edel speisen. Wenn ich nicht zum Frühstück ein Café aufsuche, dann springe ich beim Bagel Brothers rein, entweder an der Karli bei mir um die Ecke oder bei der zweiten Filiale am Brühl, ganz in der Nähe vom Hauptbahnhof. Dort lasse ich mir dann, im Glauben an die Volksgesundheit, für ein stolzes Sümmchen Karotten, Äpfel und Orangen frisch in einen Becher quetschen und noch einen Spritzer Öl draufmachen, weiß schließlich jedes Kind, sonst flutschen einem die Vitamine durch. Deckel drauf und ab damit. Der moderne Großstadtnomade hat sein Frühstück erbeutet.

Gleich hinter der Nikolaikirche, mitten im Zentrum, wartet das Medici. Mit dem Medici verbinde ich, nun, sagen wir mal, eine etwas schmerzliche Erinnerung. Ich war zum Essen bei Frau R. eingeladen. Wir mailten. Ihr Lektor sei in der Stadt. Ich solle doch dazukommen. Wir überlegten hin und her, in welchem anständigen Restaurant man die Verlagskasse strapazieren könnte, ohne dass es unanständig würde. Die Wahl fiel auf ein italienisches Lokal in Gohlis.

Ich setzte mich also aufs Fahrrad und ließ brav das Telefon zu Hause. Dessen Akku war nahe am Exitus, und das Ladegerät lag wie immer im Literaturinstitut. To make a long story short, ich aß an diesem Abend einsam und verlassen ein Carpaccio, das gar nicht mal schlecht war, und fuhr wieder nach Hause. Am nächsten Tag im Literaturinstitut hörte ich die entscheidende Nachricht, man war spontan ins Medici gewechselt, wo die anderen hervorragend gespeist hatten.

Nun, neulich erzählte mir jemand, auch der Verleger des Verlages, in dem dieses Buch erscheint, lädt zur Buchmesse gerne ins Medici. Ich habe inzwischen ein zweites Ladekabel für mein Telefon.

Wo getrunken wird, da darf auch getrost gegessen werden. Im Barcelona zum Beispiel. Das ist seit zehn Jahren eine Perle in der Gottschedstraße. Nicht dass Sie denken, ich esse nur Fleischklopse, aber der Hamburgesa de Cordero al Romero, auf gut Deutsch ein hausgemachter Lammburger mit Rosmarin und Joghurt-Minze-Soße, geht einfach immer, und die Tapas-Bar könnte ich glatt mit nach Hause nehmen. Ganz besonders die gefüllten Backpflaumen und die – schon wieder – Hackbällchen.

Und auch im Cantona kann man nicht nur dem englischen Frühstück huldigen. Die schön scharfe Nudelsuppe mit Huhn und Chili verzaubert selbst Leute wie mich, die um Suppen sonst eher einen Bogen machen. Oder die selbstgemachten Fischstäbchen. Und wenn auf der Tageskarte Muscheln stehen, dann bleib ich auch für eine zweite Portion sitzen.

Im Hotel Seeblick, das den Jungs vom Ilses Erika gehört und so etwas wie ihr Wohnzimmer ist, bevor sie um die Ecke in ihr Tanzcafé schlappen, sind es wieder die Klassiker: Der Seeblick-Burger ist ein Phänomen, und das englische Frühstück war lange Zeit ungeschlagen.

Ein Klassiker auf der Karli ist KillyWilly, ein waschechtes Irish Pub. Aber ich will jetzt nicht wieder auf Flüssignahrung umstellen, sondern vielmehr darauf hinweisen: Wenn einen die Angelsachsen überkommen – dienstags gibt es dort Fish and Chips mit Essig, so viel man schütten kann.

In der Schaubühne Lindenfels, Kulturort und Kino im Westen an der Karl-Heine-Straße, kann man ebenfalls herrlich essen. Das Restaurant heißt übrigens Nora Roman. Und ja, auch wenn Sie es nicht mehr hören können, das Beste dort sind die Burger.

Auch im Café Grundmann kann ich Ihnen die Karte rauf und runter essen. Toskanisches Brotgemüse muss man allein wegen des Namens probieren, und natürlich sind die Schnitzel nicht nur überaus anständig, sondern sollten selbst pingelige Wiener auf Exkursion zufriedenstellen. Immer Platz ist auch für das Tomate-Rucola-Sandwich mit Mozzarella. Und wenn es dann dunkel wird, genehmigen Sie sich zum Abschluss noch einen Harvey Wallbanger – den hab ich im Grundmann wiederentdeckt.

Und bevor Sie zum Enk gehen ins Grassi, ins Museum der bildenden Künste oder in den Piloten im Schauspiel: Hungern Sie vorher ein wenig oder machen Sie einfach zwei Stadtführungen nacheinander. Dann ist mehr Platz für all die feinen Gerichte. Ich muss nur an die Blutwurst aus dem Eichsfeld denken, da habe ich schon die Jacke an.

Gar nicht weit habe ich es auch in die Münzgasse. Ins Piagor. Da wird es dann schon wirklich edel. Die Karte ist klein und fein, sie wechselt wöchentlich, wobei es eine Anzahl Piagor-Klassiker gibt, die immer im Angebot sind. Die Webseite des Piagor gehört zu meinen liebsten Bookmarks. Wenn ich mal testen will, ob ich schon Hunger habe, klicke ich einfach auf Menü.

Wer das Piagor mag, wird sich auch im Stelzenhaus im Westen wohlfühlen. Dort gibt es ebenso ambitionierte moderne Küche und dazu den Blick auf den Karl-Heine-Kanal.

Und wenn Sie jemanden haben, der Sie einlädt, dann probieren Sie ruhig auch die Leipziger Sterneküchen. Das sind der Stadtpfeiffer im Gewandhaus und hoch oben im Hotel The Westin das Falco, wo die besten Zutaten zu grandiosen Gerichten verarbeitet werden.

Weit weniger abgehoben, aber darum nicht minder edel ist das Heine – das nicht nach Düsseldorfs Leib- und Magendichter, sondern nach unserem lieben Karl benannt ist und, selbstredend, an der Karl-Heine-Straße liegt. Wir sind also wieder im Westen. Im eleganten Gartenhaus wird meisterhaft und ohne großes Brimborium gekocht.

Ohne große Inszenierung kommt auch die Eisdiele Pfeiffer bei mir in der Südvorstadt aus. Der ganze Laden ist ein einziges Ost-Faktotum und sieht immer noch aus wie anno

1953. An warmen Tagen reichen die Schlangen manches Mal bis um die nächste Straßenecke. Im Angebot: Vanille, Schokolade und Erdbeere und abwechselnd dazu Stracciatella, Johannisbeere, Pfefferminz und Ananas. Als Eisbecher ein Muss: der Schwedenbecher mit Apfelmus. Und noch etwas: An Samstagen ist bei Pfeiffers zu, da kann man sich im Frust noch so sehr den entgangenen Umsatz ausrechnen, schließlich gibt es außer dem Geschäft ja auch noch die Familie. 1953 war ein gutes Jahr, meinen wir.

Gut essen, und das auch noch zu Hause, dafür ist bei mir, wie gesagt, Madame Kirchner zuständig. Da muss ich von der Eisdiele nur ein paar Meter zurück bis zur Karli laufen.

Im Zest unten in Connewitz verfährt man nach dem Wahlspruch »Gemüse ist mein Fleisch«. Aber eben so, dass man Letzteres nicht vermisst. Was die meisten Gäste hier wohl eh nicht tun. Aber auch wenn es im Zest kein englisches Frühstück mit fiesen Würstchen gibt, ist zumindest der Name englisch. »Zest« bedeutet so viel wie »Würze verleihen«, aber auch »Lust« und »Vergnügen«. Was soll ich Ihnen mehr wünschen.

Zu guter Letzt noch zwei Worte zu den Leipziger Spezialitäten.

Zur Leipziger Lerche gibt es eine nette Geschichte. Die Lerche ist eine Idee von ein paar einfallsreichen Leipziger Bäckern. Irgendwann 1876 wurde es verboten, Singvögel, darunter auch die lieben Lerchen, zu braten und zu räuchern. So, und nun stand man da und wusste nicht wirklich, was tun.

Die Leipziger Bäcker kreierten also die Leipziger Lerche. Aus Mürbeteig geformt wie ein kleines Pastetentörtchen, kommt sie mit fulminanter Marzipanfüllung daher und ein wenig so geformt, dass die gekreuzten Teigstreifen an die Speckstreifen erinnern, wie sie um die Vögelchen gewickelt waren. Ich esse Süßkram für mein Leben gern, das Zeug ist allerdings grenzwertig süß. Aber probieren Sie selbst.

Das Leipziger Allerlei hielt ich durch meine verdorbene Westkindheit lange Zeit fälschlicherweise für eine ziemlich labbrige Dosengemüsekombination aus ebenso holzigen wie dürren Spargelstückchen, Erbsen und Möhrchen. Natürlich weit gefehlt, das hat der Westen mächtig runtergewirtschaftet. Die Geschichte des Leipziger Allerleis wird der Findigkeit der Leipziger Bürger nämlich mehr als gerecht.

Während der Napoleonischen Kriege war ein sehr cleveres Kerlchen namens Malthus Hempel Stadtschreiber von Leipzig. Stadtschreiber waren damals noch nicht arme Schriftsteller, die für ein kleines Zubrot und eine kostenlose Wohnung über einen gewissen Zeitraum in einer Stadt wohnen und so das Bild der Stadt als kulturreiche Literaturstadt prägen, sondern einfach die Leiter der Stadtverwaltung. Es ging also in den Büchern des Stadtschreibers vornehmlich um das liebe Geld. Nun hatten die Leipziger immer noch den ein oder anderen Goldtaler unter dem Kopfkissen, und um die war man ob der Vielzahl herumirrender Bettler und der noch weniger geliebten Steuereintreiber ein wenig bang. Und so kam der liebe Hempel auf die Idee, die Stadt quasi auf Diät zu setzen. Weg mit Fleisch und Speck, höchstens noch am Sonntag ein kleines Zipfelchen Wurst, den Rest in die hinterste Ecke der Speisekammer verbannt. Stattdessen sollte man anständig Gemüse servieren, obendrauf noch Krebse aus der Pleiße. Und all die Bettler und Steuereintreiber sollte man also damit oder mit einem Süppchen im wahrsten Sinne des Wortes abspeisen. Wer kein Fleisch mehr hat, der hat auch kein Geld – diesen Schluss sollten die Herrschaften ziehen und sich bitte schön zwecks Almosen und Steuern an die lieben Nachbarn in Halle und Dresden wenden.

Und wie macht man nun so ein Allerlei? In der Regel nimmt man dazu junge Erbsen, Spargel, Karotten und, das habe ich gelernt, Morcheln (sicher aus dem Auenwald). Man kann auch erweitern: mit grünen Bohnen, Kohlrabi und Blumenkohl. Dann die Flusskrebse, ein ominöses Ding namens Krebsbutter, bei der zerstoßene Krebsschalen und Butter vermengt werden, und kleine Semmelklöße.

Und jetzt nicht alles rein in den Topf, sondern schön schneiden, das liebe Gemüse, und vor allen Dingen getrennt garen. Ein bisschen Butter, und voilà – dieser Teil wäre geschafft. Für die Flusskrebse muss man diese Krebsbutter in der Pfanne zerlassen, Fond dazu, ich tippe auf Kalb, Eigelb rein (das bindet) und das Ganze über das Gemüse gekippt. Zu guter Letzt werden die gekochten Schwänzchen der Flusskrebse und die Semmeldinger dazugegeben. Salz, Pfeffer und, so ist zu hören, auch ein wenig Muskat, Kerbel und Petersilie nach Belieben. Variationen nach Gusto und Einfallsreichtum. Erfahrene Hausfrauen haben es mit Mettwurst probiert oder einer Mehlschwitze dazu. Auf den Karten von Leipzigs Restaurants findet man das leider viel zu selten.

Und ein allerletzter Tipp: Wer bei seinen Ausflügen in die Leipziger Gastronomie ins Plaudern kommt und mit Blick auf die Uhr erschreckt feststellt, dass nach dem herrlichen Mittagsmahl die Abendbrotzeit längst vorüber ist – das macht rein gar nichts. Bars, Kneipenmeilen und Cafés haben in Leipzig schon immer ein wenig länger geöffnet, Sperrstunden kennen wir nicht. Und viele der Nachtgeister trifft man dann zu ganz später Stunde im FlowerPower wieder. Wer den Weg dahin nicht oder nicht mehr findet – jeder Taxifahrer kennt den im Schlaf. Apropos Schlaf: Bitte nicht allzu laut grölen im FlowerPower, ich wohne nur ein paar Häuser weiter und brauche ab und an auch ein wenig Schlaf.

3.

Im wilden Osten

Clemens Meyer schickt eine Kurznachricht. *Hier ab vier mit Meyer und Nießen.* Ich schreibe zurück: *Dabei um zwei. Dabei ab zwei* und *Hier ab vier* – beides Titel von Nachmittagssendungen im MDR Fernsehen und so unsäglich wie alle Nachmittagssendungen. Bei der einen oder vielleicht auch bei beiden darf man als Zuschauer anrufen und Fragen an einen Studiogast stellen. Die Jungs vom Tanzcafé Ilses Erika in Connewitz haben daraus eine Zeit lang ein Prinzip gemacht, quasi täglich riefen sie in der Sendung an, mit verstellten Stimmen. Das Ergebnis, abgespielt vom Fernseher auf der kleinen Bühne des Wohnzimmerclubs, führte abends immer zu großen Lachattacken.

Im Februar 2004 hatten wir Clemens bei unserer kleinen Literaturshow »turboprop« auf der Bühne im Ilses Erika. Damals war *Als wir träumten* noch ein unveröffentlichtes Manuskript, und der Abend endete damit, dass wir weit nach drei Uhr draußen im Schnee zu dritt etwas desorientiert vor Meyers Fahrrad knieten und laut fluchend versuchten, seinen

Fahrradschlüssel im Schloss herumzudrehen. Der brach irgendwann ab, und wir stellten fest, dass wir überhaupt nicht vor seinem Rad herumgekrochen waren. Das lehnte nämlich unabgeschlossen zwei Fahrradständer weiter. Während Meyer sich wegen der Kälte und der glatten Straße immer noch fluchend mit seinem Rad Richtung Leipziger Osten verabschiedete, schlitterten auch wir vorsichtig unseren Betten entgegen.

Der Autor und Local Hero Clemens Meyer musste sich von Feuilletons und Boulevardblättern teilweise mehr über seine Tätowierungen als über seine Literatur definieren lassen und hat schon Fernsehmoderatoren Schläge angedroht. Ansonsten ist er aber ein herzlich netter Kerl. Neben seiner Begeisterung fürs Boxen hegt Meyer, der 1977 in Halle an der Saale geboren wurde und der sich lange mit Jobs als Wachmann, Möbelpacker und Gabelstaplerfahrer oder als Bauhelfer über Wasser halten musste, noch andere Hobbys: zum Beispiel Pferderennen. Heute mache ich mich mit ihm auf zu einem Spaziergang durch den Leipziger Osten. Morgen wollen wir dann auf die Rennbahn Scheibenholz. Nicht nur dass Clemens Meyer ein großes Faible für Pferdewetten hat, an diesem Tag stiftet er zum ersten Mal einen eigenen Preis, den Clemens-Meyer-Cup.

Am Nachmittag fahre ich raus in den Leipziger Osten, vorbei an Leipzigs ältestem Rotblitzer, und parke an einem Haus vor der Eisenbahnbrücke.

Autos rumpeln an mir vorbei, alte Straßenbahngleise und Betonplatten bilden die Fahrbahn. In meinem Rückspiegel Mietshäuser, die eher nach DDR aussehen als nach saniertem Altbau, sandfarben und in Grautönen. Auf der gegenüberliegenden Seite eine Brachfläche: klapprige Bauzäune, hohes Gestrüpp und Industrieruinen, davor eine große Werbetafel und Laternen auf Betonmasten. Auf die Werbetafel haben sie ein rotes Plakat geklebt. *Liebe finden ist Glückssache?* steht darauf. Das leuchtende Rot wirkt ganz schön grell in dieser Umgebung, in der sich die Farben ansonsten eher zurückhalten und das Licht der Laternen später am Abend schmutzig gelb leuchtet.

Es gibt in Meyers Erzählband *Die Nacht. Die Lichter* eine Geschichte, da schießt der Erzähler mit einem Luftgewehr auf eine Laterne. Aber die geht und geht nicht aus. Ich wüsste gerne, ob die Laterne vor dem Haus, in dem Meyer wohnt, nachts noch leuchtet.

Weiter vorne eine Brücke über der Straße, oben hält eine S-Bahn. Niemand steigt ein oder aus. Hinter der Brücke steht eine Telefonzelle ohne Scheiben vor einem leerstehenden Laden, der ausschaut, als hätte ihn jemand direkt aus einer vergessenen amerikanischen Kleinstadt hierher gestellt. Gegenüber die Tankstelle. Dort herrscht wie immer Betrieb, irgendwie Marktplatzersatz. Oft habe ich dort schon gehalten, wenn wir Clemens abgeholt haben, um mit ihm auf Lesungen zu fahren. Wir haben einen Stapel Snickers, Red Bull, Mettbrötchen und jede Menge Tageszeitungen gekauft. Ist eine gute Tankstelle, würde Meyer sagen. Manchmal kommt er zum Frühstücken her. Der Kaffee ist auch gut. Jemand transportiert seinen Biernachschub in einer Plastiktüte ab.

Kennengelernt habe ich Clemens Meyer an meinem ersten Tag am Literaturinstitut. Das war im Herbst 2002. Er war damals wohl schon so etwas wie scheinfrei und kam eigentlich nur auf ein Bier ins Institut oder aber, um sein Romanmanuskript auszudrucken. Das hatte damals schon eine beachtliche Länge, sodass der Drucker im Computerraum immer auf Stunden besetzt war und Clemens aus dem gegenüberliegenden Kopierraum mit großen Schritten Nachschub an Papierpaketen holen musste.

Am Abend nach dem ersten Abend trafen wir uns auf ein Bier wieder, und zwar im Café Kowalski, das früher einmal eine Bankfiliale werden sollte. Irgendwo an der rot gestrichenen Wand kann man zwischen Bänken und Bildern bei genauem Hinsehen auch noch das zugemauerte Loch ausmachen, in das der Geldautomat hineinpassen sollte. Jetzt war das Kowalski unsere Bank beziehungsweise so etwas wie unser Wohnzimmer. Bis zum Vordiplom verbrachten wir hier mehr Zeit als im Literaturinstitut. Warum das nach dem Vordiplom anders wurde, das wissen weder das Kowalski noch wir. Am Kuchen jedoch kann es definitiv nicht gelegen haben. Den backt Rita, die gute Seele, bis heute unvergleichlich, und unter den Bedienungen wurde der Zitronen-Frischkäse-Kuchen irgendwann nur noch »Herr-Nießen-Kuchen« geschimpft, meine Waage wusste haargenau, wieso.

Damals jedenfalls hatte Clemens eine Plastiktüte dabei, da waren leere Bierflaschen drin, das weiß ich noch, als wäre es gestern gewesen. Zumal er ein paar Jahre später, *Als wir träumten* war gerade erschienen, mit einem ähnlichen Plastebeutel, in dem der gleiche Inhalt klirrte, zu einer Lesung in der Moritzbastei auftauchte.

Außerdem muss ich an eine Weihnachtsfeier im Literaturinstitut denken, an die mich neulich ein Taxifahrer erinnert hat. Ich kam vom Bahnhof, musste schnell ins Literaturinstitut und nahm ein Taxi. Der Fahrer erzählte ungefragt davon, wie er früher also Russisch studiert habe und was man da neben dem Vokabelnlernen also auch trinken musste, quasi zweitwichtigstes Prüfungsfach. Das, so sagte er dann, sei aber nichts gewesen im Verhältnis zu dem, was in diesem Literaturinstitut so passiere. Er habe vor einiger Zeit in einer einzigen Nacht drei Fahrten vom Literaturinstitut gehabt. Jedes Mal seien zwei Studenten mit weißen Hemden und Schürzen wie Barmänner mit einem Stapel Geldscheine in der Hand eingestiegen, hätten sich zur Tankstelle an der Marschner Straße fahren lassen und sich dort am Nachtschalter tütenweise mit Wodka, Gin und Wein eingedeckt. Einer dieser Barmänner war übrigens Saša Stanišić, dessen Buch *Wie der Soldat das Grammofon repariert* in so rund vierzig Sprachen übersetzt ist. Es war eine glorreiche Party.

Neulich hat Clemens Meyer aus einem Buch vorgelesen, dem er in der Hörbuchfassung seine Stimme geliehen hat. Es trägt den prägnanten Titel *Die feine Art des Saufens*. Dabei, das kann man selbst bei Amazon nachlesen, hat er eine halbe Flasche Whiskey getrunken. »War'ne ganze«, würde Clemens jetzt sagen, leise. Da hat sich das Training von damals doch ausgezahlt. Ich stelle das Radio ab, steige aus und drücke auf die Klingel. Drinnen bellt ein Hund. Clemens reißt die Tür auf. »Grüß dich«, hallt es mir entgegen. Piet, sein Rottweiler-Dobermann-Mischling, drückt mir zur Begrüßung seine Schnauze in die Leistengegend.

Im Flur und in der Küche stehen überall Regale aus Vierkantstahlrohren. Ich muss lachen und frage: »Sag bloß, die kommen aus der HGB?«

Clemens grinst und nickt. Die Hochschule für Grafik und Buchkunst macht offenbar Inventur.

»Es geht nichts über diese Dinger«, sagt Clemens.

»Du musst mir mal helfen«, sagt er und ist mit drei Sätzen in der Küche. »Da sollen die hin, aber dafür muss der Scheiß hier erst mal raus.«

Und so kommt es, dass ich Freitagnachmittag mit viel Getöse gemeinsam mit Clemens Schreibtische, Unterschränke und jede Menge Kram aus der Wohnung hinaus in den Hinterhof schleppe, wo Piet uns leicht verwundert dabei zuschaut, wie wir unter großem Hallo mit Wucht die alten Sperrholzmöbel zerlegen und dann nacheinander in einer offenen Kellerluke versenken.

»Da liegt eh schon so viel Schrott, kommt es auch nicht mehr drauf an.«

Dann noch eine Tischplatte. Und alles, was nachfolgt,

rutscht jetzt wie auf einer Skipiste hinab in die Tiefen des Sperrmüllschluckers. Uns ist warm geworden, und wir gönnen uns erst einmal eine Zigarette.

Dann rücken wir drinnen die Regale an die Wand.

»Ich lebe hier mit 'nem Teller, 'ner Tasse und 'nem Topf. Und das reicht mir«, hat Clemens mal in einem Interview gesagt. Ganz so spartanisch wirkt es heute nicht. Ich kann gleich mehrere Gläser und Tassen ausmachen, aber so, als würde er oft kochen, wirkt seine Küche nicht. Und im *Playboy* hat er ganz kategorisch gesagt: »Ich koche überhaupt nicht, mein Herd bleibt aus.«

»Lass uns losmachen, ich hab Hunger«, sagt er wie auf Kommando. Dort, wo heute die Tankstelle ist, stand einst die alte Fabrik, in der Meyer und seine Freunde in den neunzigern illegale Technopartys veranstalteten. So weit vielleicht doch ein wenig Eigenes. Eastside hieß der Laden – wie im Roman. Tatsächlich hält dort immer noch die Buslinie 73, die auch im Buch erwähnt wird. Aber genug davon. Wir gehen in die andere Richtung die Straße hinunter, Richtung Stadt.

Schattenseiten hat der Leipziger Osten, dem man mit seinem Vorstadtmilieu, der Tristesse der niedergehenden DDR und den vermeintlich unendlichen Freiheiten der Nachwendezeit in Clemens Meyers Debüt *Als wir träumten* nachspüren kann. Sie sind bei dem Sonnenschein heute ebenso wenig bemerkbar wie der würzige Geruch, der sich aus den Hallen der Reudnitzer Brauerei manchmal über das Viertel legt.

Wir marschieren geradewegs in einen Dönerladen. Essen

gehen. Wir trinken Cola und freuen uns beide, dass es Dosen gibt statt dieser Plastikflaschen, und schieben uns die türkischen Pizzen rein. Ein paar Häuser weiter ein kurzer Plausch mit seinem Tätowierer. Ich stehe so lange allein an der Straßenecke. Es kommt mir vor, als seien hier tagsüber mehr Menschen unterwegs als in anderen Vierteln. Vielleicht weil sie die Zeit haben?

»Mach's gut«, schallt es von drinnen, und da steht Clemens auch schon wieder vor mir. Neue Termine für neue Tätowierungen.

»Wir müssen noch zur Wäscherei«, sagt Clemens. Meyer ist wie ich stolzer Besitzer so einer Pappkarte, auf der fünfzig Kästchen gemalt sind. Die stehen für fünfzigmal Hemden reinigen. »Hab ich mal verloren«, sagt Meyer. »War mir ganz peinlich, da hab ich einfach eine neue gekauft.« Ich erzähle, dass meine immer in der Wäscherei liegt, mit meinem Namen drauf. »Für die Alten und Senilen«, sagen meine Waschfrauen dann und heften meinen gelben Abholzettel mit einer Wäscheklammer zu den anderen. »Damit sie den nicht auch wieder verlieren.« Clemens lacht. Seine Wäscherei gehört zur selben Firma. »Ich lass da auch noch schnell einen Knopf annähen, wenn du Zeit hast.« Ich nicke. »Klar.«

»Was willst denn du eigentlich schreiben?«, fragt Clemens zwei Stunden später und lacht, während es draußen langsam dunkel wird. »Dass wir den halben Tag Filme durchgesehen haben?« Während er das sagt, ist er über einen Stapel DVDs gebeugt. Wir haben es noch immer nicht bis zur Wäscherei geschafft, in Sichtweite war sie schon. Aber davor wartete der An- und Verkauf, in dem wir jetzt stehen. In den Auslagen iPods der ersten Generation, die inzwischen schon fast so aussehen, als wären sie in den achtziger Jahren hergestellt worden und nicht gerade erst ein paar Jahre alt, gebrauchte Staubsauger, Laptops, Sonnenbrillen. Auch die obligatorischen Autoradios finden sich – aber nur keine falschen Verdächtigungen!

Neben Messersets in Aktenkoffern und alten Bohrmaschinen dann Vitrinen, Regale voller DVDs. Und ein Clemens Meyer im Glück. Wir rufen uns Filmnamen zu. »*Rocky I* bis *III*«, zu denen hat Clemens neulich mal ein mehrseitiges Interview gegeben, vollkommen unterschätzt, dieser Rocky. Und dann die ganzen Western, die harten Jungs, die richtigen Männer. Eine richtige Fundgrube. Dass Clemens eigentlich jeden Filmwissenschaftler in die Ecke stellt, und das nicht nur, wenn es um Westernklassiker und wahre Actionhelden geht, wusste ich schon früher. Seine Filmsammlung ist legendär. Mit einer neutralen Plastiktüte und der Abmachung, dass ich die gesamte Reihe von *Band of Brothers* von Clemens ausgeliehen bekomme, wenn er sie angeschaut hat, stehen wir dann endlich in der Wäscherei.

Während der Knopf an Clemens' Mantel noch angenäht wird und eine andere Waschfrau seine Hemden heraussucht, bestellt Clemens ein Taxi. Mit dem Taxi sind wir auch damals gefahren, in den Laden für Nichts, der heute auf der Spinnerei zu finden ist und zwischendrin gegenüber dem Museum der bildenden Künste in der Innenstadt war. Im Laden für Nichts gilt das Prinzip »hip«, und dafür ist es auch egal, wenn das Bier mal wieder nicht mehr kalt ist. Damals, als wir mit dem Taxi ankamen, war der Laden noch irgendwo hinter der Ferdinand-Lassalle-Straße in einem Ladengeschäft. Uwe Karsten Günther, Chef und Clemens-Intimus, saß immer hinter einem Tisch am anderen Ende des Ladenlokals, man musste ein paar Stufen zu ihm hinaufsteigen. Dort thronte er und musste sich nur umdrehen, um hinter einer Tür Nachschub hervorzuziehen. So habe ich den Laden in Erinnerung und auch, wie Uwe Karsten Günther Gin und Tonic zusammenkippte in einer unbeschreiblichen Mischung, sodass ich mich im Anschluss im Johanna-Park ziemlich verlief, bevor ich endlich zu Hause ankam.

Auch damals waren die Getränke zu warm, wir saßen draußen in Liegestühlen vor dem Laden, und Clemens sprang immer mal wieder auf und zog einen von uns in den Laden zurück, wo er auf einige Fotos an der Wand zeigte. Dort war der damals noch ziemlich kahlköpfige Meyer zu sehen, wie er bei einem Boxkampf, der irgendwie von Leipziger Künstlern organisiert worden war, den Ansager gab. »Ladiiiiiiieeeeeesss and Gentlemen. Geil war das«, rief Clemens dann.

Wir waren besoffen von Leipzig. Und vom Gin Tonic. Ich hatte schon damals das Gefühl, dass Leipzig eine gute Stadt für Selbstdarsteller ist, und damit scheine ich nicht allein dazustehen.

Mittlerweile sitzen Meyer und ich in der Gaststätte Immerglück in der Nähe der Stadtgrenze, dort, wo in *Als wir träumten* die Kneipe Grüne Aue liegt, in der sich Daniel und die Übriggebliebenen von ihrem drogentoten Freund verabschieden. Die Versuchung war doch zu verlockend, ein bisschen Wechselbad zwischen Romanfiktion und Realität, zwischen den Figuren und dem Autor.

Sicher hatten wir eine Menge Spaß damals. Doch war bei dem, was wir taten, eine Art Verlorenheit in uns. Dieser Satz aus seinem Buch geht mir dabei nicht aus dem Kopf. In seinen Erzählungen, das konnte man dann in den Feuilletons lesen, sei nur noch die Verlorenheit übrig geblieben.

Vom Melancholiker Meyer ahnt man allerdings höchstens dann etwas, wenn das Gespräch einmal verstummt. Dann kann man das Nachdenkliche spüren, die Ahnung, dass bei allem Erfolg, bei allem Leben das tragische Moment gleich an der nächsten Straßenecke auf einen wartet.

»Ich habe keine verwurzelte bürgerliche Existenz, mir ist es nie gelungen, in längeren funktionierenden Beziehungen zu leben.« Er sagt es leiser, aber mit klarer Stimme. Ohne jedes Sentiment.

Zum Abschied laufen wir noch eine Runde mit Piet, der an der Tankstelle ein Brötchen mit Salami vertilgt. Am nächsten Tag ist Renntag im Scheibenholz, da trifft man Clemens immer. Als ich das Auto wende, brennt die Laterne vor seinem Haus. Marilyn Monroe würde lächeln.

Mein Telefon summt, eine Kurznachricht. *Schreib, die Leute sollen den Heiduczek lesen.*

4.

Auf der Rennbahn

Am Rand des Auenwaldes liegt die alte Pferderennbahn Scheibenholz. Das Gebäude ist deutlich in die Jahre gekommen. Es hat seit dem Sommer einen neuen Anstrich. Das Dachgerüst aus alten, genieteten Stahlträgern und den hölzernen Bänken hat aber immer noch einen Charme, der anderswo längst wegsaniert worden ist.

So ein Pferderennen ist ja ein etwas spezielles Ereignis. Kaum sind die Reiter gestartet, da kommen sie auch schon durchs Ziel, und die meiste Zeit dazwischen sind sie eh kaum zu sehen. Und dann dauert es wieder ewig bis zum nächsten Rennen.

Klassischer Dialog mit Fernglas:

»Gucke ma da.«

»Siehste se?«

»Ja, ich säh se.«

Sehen und gesehen werden auf Sächsisch. Wettkönige, Galoppsportfreunde und Pferdenarren. Und die ewige Frage: »Ja, wo laufen sie denn?«

Clemens Meyer lehnt an einer dieser hölzernen Boxen, die an Futterkrippen für Rehe erinnern. Hier sind es die Nährquellen der Hoffnung, hier werden die Wettscheine ausgefüllt.

»Meine Lebensbilanz auf der Rennbahn?« Clemens grinst. »Leicht minus, würde ich sagen.« Er erzählt gerade einem Kumpel, wie es gescheppert hat, als wir gestern die Möbel entsorgt haben.

Renntag im Scheibenholz. Nicht 1. Mai, nicht Aufgalopp, aber trotzdem ein ganz besonderer Renntag. Meyer in Hochform. Meyer umlagert. Sie füllen Wettscheine aus und drängen sich vor der Annahmestelle. Dort steht jetzt auch Clemens und schimpft auf all die, die, während das nächste Rennen schon fast begonnen hat, ihre kleinen Siegprämien abgreifen wollen. »Gebt doch die Kassen frei, Mensch.« Als Meyer dann an die Kasse kommt, ist es zu spät und das Rennen bereits gestartet. Im Nachhinein kann er sich dann aber doch ein wenig freuen, denn während er ansonsten mit einer ordentlichen Glückssträhne gesegnet ist – bei diesem Rennen hätte er verloren. So gesehen also Glück im Unglück.

Aber das ist nicht das Besondere. Das Besondere ist sein eigenes Rennen, der Clemens-Meyer-Cup.

»Das ist 'ne Sache, was?«, hat er gestern schon immer wieder gesagt und selbst ungläubig mit dem Kopf geschüttelt. Jetzt strahlt er. Quasi Honigkuchenpferd. Und er lacht das Lachen, das er schon zum Leipziger Buchpreis gelacht hat. Unbändig.

»Ich mein«, er schaut verschmitzt, »ich hätte ja auch einen Literaturpreis stiften können. Oder?«

Thomas Mayer, der Chefreporter der *Leipziger Volkszeitung* kommt zum Fachsimpeln vorbei. Für ihn liegt bei meinem Buchhändler immer die *Sportwelt* bereit. Die beiden sind sich einig, und ich spiele Mäuschen und lausche, wie Clemens seine Wetten platzieren will.

Ich mache es Clemens nach. Aber irgendwo habe ich anscheinend das Kreuz falsch gesetzt. Nach dem Rennen ist der Jubel groß, Clemens hat dreihundert Euro gemacht, ich kann es nicht fassen, er dreihundert, dann muss ich ja auch – ich schiebe mich durch das Gedränge wieder vor zu den niedrigen Wettbaracken. Ich reiche meinen Wettschein durchs Fenster, die Dame dahinter sagt nur ein Wort: »Nüscht.« In mir fällt etwas auseinander, das sich nachher nur mit viel Mühe am Bierstand wieder kitten lässt.

Ältere Semester, die im Osten groß geworden sind, kennen »Turf« noch als Glimmstängel made in GDR, angelsächsisch für »Rasen« ist »Turf« aber eben auch eine Bezeichnung für Pferderennsport und Rennbahn.

Nein, ein zweites Ascot ist die Leipziger Rennbahn beileibe nicht, auch wenn sie inzwischen ein wenig instand gesetzt wurde. Weniger atmosphärisch ist der Turf im Scheibenholz darum jedoch nicht. Und, so ist zu hören: Wegen ihrer schönen Lage wurde die noch immer einigermaßen marode Anlage schon mit der Pariser Derbybahn Chantilly verglichen. Nun ja, immerhin ist der Leipziger Rennklub mit guten hundertvierzig Jahren Rennbetrieb der viertälteste Deutschlands. Ein Platz auf meiner Liste als Pferdestadt bleibt dennoch kategorisch ausgeschlossen.

Anders als bei der Mutter aller Pferderennen, dem Royal Ascot, gibt es in Leipzig natürlich keine Kleiderordnung. Trotzdem eifert ein Teil der Leipziger Besucher dem britischen Chic mit hellem Anzug oder blauem Blazer nach. Für die Damenwelt galt immer schon die Devise: Kleid und Hut. Beim Royal Ascot gibt es seit kurzem eine Neuerung, die sich in Leipzig nicht so schnell durchsetzen lassen wird: Miniröcke, bauchfreie Oberteile und schulterfreie Tops sind dort jetzt verboten.

Während die einen auch in Leipzig Hautevolee spielen und es ein wenig so wirkt wie eine sommerliche Form von Fasching oder wie eine Mischung aus Studenten der Handelshochschule und Selbstdarstellern, heizen die anderen mit einem Bier die Volksfeststimmung an. Die wahren Wettprofis stehen unterdessen etwas abseits und stecken die Köpfe zusammen. Vielleicht hat gerade wieder jemand einen Insidertipp bekommen. Im Scheibenholz sind die Wettkönige erkennbar an ihrer unauffällig auffälligen Art, sich zu kleiden, und an der Galopperzeitung *Sport-Welt* in der Hand.

Clemens Meyer überreicht strahlend Trophäen und Bücher an die Sieger seines Preises und freut sich fast noch mehr als die Jockeys.

Zum Aufgalopp am 1. Mai werde ich wieder hier sitzen, das Fernglas auf den Knien, mit Freuden werde ich irgendeine seltsame englische Kopfbedeckung aufsetzen und im Tweedsakko erscheinen. Ich werde – anders als Clemens – keine Ahnung davon haben, wie gut die Pferde eigentlich laufen oder wie Pferdewetten wirklich funktionieren, aber Champagner aus mitgebrachten Wassergläsern trinken und nirgendwo lieber sein wollen.

5.

Leipzig literarisch

Leipzig war und ist ein Umschlagplatz für Waren, auch für geistige. So wird berichtet, wie der letzte König von Sachsen kopfschüttelnd über die Messe Richtung Ausgang lief, immer nur einen Satz wiederholend: *Biecher – nüscht wie Biecher!* Bereits 1481 wurde in Leipzig das erste Buch gedruckt, und 1650 erschien die erste Tageszeitung der Welt in Leipzig, sechsmal die Woche gab es die *Einkommenden Zeitungen* zu lesen. Das Format war noch ein wenig übersichtlicher als heutzutage. Vier Seiten im A5-Format voller politischer Meldungen. Auch die Zahl der Leser war eher übersichtlich: Die *Einkommenden Zeitungen* hatten eine Auflage von zweihundert Exemplaren.

Auch das erste Lehrbuch der Welt wurde in Leipzig gedruckt, ein in Latein geschriebenes Werk zur Meteorologie. Es muss ein famoses Lehrbuch gewesen sein, denn in Sachen Meteorologie tat sich dann noch einiges in Leipzig. So entstanden hier auch die ersten Wetterkarten. Und auch das erste Büro für Wetterprognosen wurde in Leipzig gegründet.

Ach ja, und den ersten deutschen Stadtplan hatten ebenfalls die Leipziger. Man will ja schließlich nicht nur wissen, dass man gerade im Regen steht, sondern auch, wo genau.

Leipzig, das war einmal das Zentrum des deutschen Buchhandels und Verlagswesens. Der Vorläufer des mächtigen Börsenvereins des Deutschen Buchhandels, der Verlage, Großhändler und Buchhandel vertritt und damals noch Börsenverein der Deutschen Buchhändler hieß, wurde hier gegründet.

Sein Name wiederum geht zurück auf die Buchhändlerbörse. Die kümmerte sich ab 1792 um die Abrechnungen zwischen Buchhändlern und Verlegern aus ganz Deutschland, die mit ihren verschiedenen Währungen auf der Leipziger Messe bezahlten. Und weil das ein ziemliches Hickhack war, wurde das erste Anliegen des Vereins die Vereinfachung dieser Abrechnerei. Später setzte sich der Verein dann für die Abschaffung der Zensur, für Regelungen im Urheberrecht und für die Einführung fester Ladenpreise ein, von der wir – bekannt als Buchpreisbindung – bis heute profitieren.

Im Graphischen Viertel östlich des Hauptbahnhofs gab es eine einzigartige Infrastruktur an Zulieferbetrieben für die Verlage, die sowohl bei der Zahl der verlegten Titel als auch bei den Umsätzen Leipzig zur Verlagshauptstadt machten. Davon ist heute leider nicht mehr viel übrig. Zwar herrscht an kleinen und mittleren Verlagen und auch an guten Druckern und Buchbindereien heute kein Mangel, aber die großen Zeiten als Verlagsstadt sind vorbei. Die bedeutenden

Verlagshäuser haben Leipzig den Rücken gekehrt. Schon zwischen 1945 und 1951 verließen über 350 Verlage mit einer jährlichen Produktion von bis zu viertausend Buchtiteln die Messestadt. An so bedeutende wie berühmte Leipziger Verleger, an Baedeker, Breitkopf, Brockhaus, Göschen, Meyer, Reclam, Seemann, Tauchnitz und Teubner, erinnert in Leipzig heute nicht mehr viel, allein einige Verlegervillen stehen noch an Ort und Stelle.

Nach der Wiedervereinigung wurde der 165 Jahre alte Börsenverein der Deutschen Buchhändler 1991 an den Börsenverein des Deutschen Buchhandels mit Sitz in Frankfurt angeschlossen. Mit dem Leipziger Haus des Buches steht am historischen Ort, dort, wo einst das prachtvolle, im Zweiten Weltkrieg zerstörte Buchhändlerhaus Dreh- und Angelpunkt des deutschen Buchhandels war, seit 1996 wieder ein Hort des Buches. Zwar ist es mit elftausend Quadratmetern Fläche das größte Literaturhaus Deutschlands – hat ja auch nur schlappe 42 Millionen Mark gekostet –, aber erhalten geblieben ist von der Pracht des einstigen Buchhändlerhauses einzig die Steintreppe. Von der aus gelangt man aus dem Café in den Garten des Neubaus, den nicht wenige für den schönsten Ort des ganzen Hauses halten.

Der Leiter des Literaturhauses Hamburg, Rainer Moritz, brachte es auf den Punkt: Es sei ein *mit niederschmetternder Innenarchitektur geschlagenes Haus, dessen Atmosphäre den »Tod der Literatur« als alleinig rechtfertigende Maßnahme erscheinen lässt.* Dazu kommt: Während im Graphischen Viertel früher das verlegerische Leben pulsierte, wirkt die Umgebung des Hauses des Buches heute ein wenig trostlos und leer.

Von den Verlagen gingen zuletzt 2006 und 2009 auch noch Reclam und Brockhaus. Die Leipziger Ableger der inzwischen im Westen der Republik weitergewachsenen Verlagshäuser waren nach der Wende eher kleine Appendixe als wirkliche Leuchttürme mit umfangreichem Buchprogramm. *Wer bei Leipzig von Buchstadt sprechen will, hat mittlerweile erheblichen Erklärungsbedarf,* hat der Schriftsteller und Professor am Deutschen Literaturinstitut, Josef Haslinger, vor einiger Zeit im Zuge der Leipziger Olympia-Bewerbung geschrieben. Es sei eine olympische Leistung, Leipzig wieder zur Buchstadt zu machen. Ist Leipzig also literarisch tot, wie die junge westostdeutsche Erfolgsautorin Juli Zeh in einem Zeitungsinterview stichelte, kurz bevor sie von Leipzig aufs Land zog?

Mitnichten, auch wenn die Stadt lieber mit Musik und Kunst um Besucher wirbt als mit ihrer literarischen Ader. Da gibt es die Deutsche Nationalbibliothek, die 1912 als Deutsche Bücherei in Leipzig gegründet wurde und in der seit 1913 lückenlos alles gesammelt wird, was in deutscher Sprache so veröffentlicht wird. Sie wurde zusammen mit ihrem westdeutschen Pendant in Frankfurt, der Deutschen Bibliothek, zur Deutschen Nationalbibliothek.

Der Leipziger Part wird gerade zum vierten Mal erweitert. Wenn der Bau fertig ist, wird auch das Deutsche Musikarchiv aus Berlin nach Leipzig ziehen.

Dann ist da noch die gerne vergessene Deutsche Zentralbücherei für Blinde zu Leipzig, die außerdem auch selbst Bücher in Blindenschrift herausgibt und in eigenen Tonstudios sogar Hörbücher produzieren lässt.

Und nicht nur eine Vielzahl der beschädigten Bücher aus der abgebrannten Anna-Amalia-Bibliothek in Weimar wurden in Leipzig gerettet. Im Zentrum für Bucherhaltung entwickelte man ein einzigartiges Verfahren, das es unter anderem durch die Automatisierung der sogenannten Papierspaltung erlaubt, den Verfall von alten Büchern im großen Stil zu verhindern.

Die wichtigsten Bücher zum Studieren, aber auch eine wertvolle Sammlung alter Papyrusschriften sind in der prachtvollen Universitätsbibliothek Albertina untergebracht. Dann gibt es natürlich noch das Deutsche Literaturinstitut Leipzig, das Museum für Druckkunst, eine Kunsthochschule, die Grafik und Buchkunst nicht nur im Namen führt, sondern neben den vielbeachteten Malern auch hervorragende Illustratoren und Grafiker ausbildet.

Eine Initiative bemüht sich, in Leipzig das fast vergessene Handwerk der Lichtdruckkunst zu erhalten. Hier existiert eine von weltweit noch drei Lichtdruckwerkstätten. Der Verein Buchkinder, bei dem Kinder aus Geschichten eigene Bücher machen, hat seine Idee mittlerweile auch über Leipzig hinaus in eine Vielzahl von Städten transportieren können. Und die Literaturzeitschrift EDIT gilt seit Jahren als die Entdeckerzeitschrift für junge deutschsprachige Literatur.

Kleine und mittlere Verlage wie Faber & Faber, Lehmstedt oder die Connewitzer Verlagsbuchhandlung prägen heute die Leipziger Verlagslandschaft, und das ziemlich erfolgreich. Wer genau hinschaut, der entdeckt deren Bücher und Bildbände immer und immer wieder in den Feuilletons der großen deutschen Tages- und Wochenzeitungen.

Es gibt also nicht nur die Traditionen, an die man sich schön wehmütig erinnern kann, es gibt auch ein ziemlich buntes Hier und Heute. Der größte Erfolg im literarischen Leipzig ist die Leipziger Buchmesse. Sie hat sich nach der Wiedervereinigung und nach dem Umzug auf das Gelände der Neuen Messe als zweite Buchmesse in Deutschland inzwischen als feste Größe etabliert.

An diesen paar Tagen im März wirkt Leipzig wie ein gigantischer Ameisenhaufen, da spürt man erst, dass in dieser Stadt einmal deutlich mehr als die derzeit rund 500 000 Einwohner zu Hause waren. Fast eine Dreiviertelmillion waren es einmal. Dann sind alle Hotelbetten ausgebucht, und die Straßenbahn Linie 16 fährt quasi im Minutentakt raus auf die Messe.

Zur Buchmesse kommen inzwischen knapp 130 000 Besucher – die sich nicht nur zwischen den Ständen der regelmäßig mehr als 2300 Aussteller auf der Messe tummeln, sondern abends jedes Wohnzimmer der Stadt in einen Leseort verwandeln, an die 1900 Veranstaltungen gibt es an den vier Messetagen.

Die Frankfurter Buchmesse mag ja bedeutend sein, wenn

es ums große Geld geht, die Buchmesse der Herzen aber ist Leipzig. Hier treffen Buchhändler und Leser die Autoren hautnah. Und die Verleger ärgern sich nicht ganz so sehr über den Bücherklau, vielleicht auch, weil sich der ein oder andere noch an DDR-Zeiten erinnert, in denen das mehr oder weniger heimliche Entwenden von Büchern eine tragende Rolle einer gewissermaßen gesamtdeutschen Lesekultur hatte.

Kann man das Schreiben lernen? Von dieser Frage, von Journalisten und Bildungsbürgern nicht nur am Stand des Literaturinstitutes auf der Messe gern gestellt, kriege ich mittlerweile Pickel, wenn nicht Schlimmeres. Denn sie wird ja meistens mit so einem Unterton gestellt, der eigentlich schon klarmacht, dass derjenige, der diese Frage gerade stellt, der felsenfesten Überzeugung ist, genau das könne man ja nicht. Schreiben lernen, das macht man in Deutschland gerade noch in der Grundschule, Schreibschrift, Druckschrift und Schluss.

Dass dieselben kunstsinnigen Feingeister, die gerade noch die Nase gerümpft haben bei so viel Verachtung des Geniegedankens, im nächsten Moment vor Verzückung die Treppen der Hochschule für Grafik und Buchkunst gegenüber hinaufspringen, um sich auf Bilderjagd zu begeben, nun ja, das soll an dieser Stelle nicht verwundern.

Schreiben lernen geht in Leipzig im Musikviertel südlich vom Leipziger Stadtzentrum, dort, wo Mozart, Bach und Beethoven den Straßen ihre Namen geliehen haben. Hier sind auffällig viele junge Leute unterwegs: Zierliche Japanerinnen tragen schwere weißlackierte Cellokoffer auf dem Rücken, zwei Jungs in farbverschmierten Overalls schleppen eine mannsgroße Leinwand über einen Hinterhof. Wieder andere sitzen über Bücher oder Manuskripte gebeugt im Weezie. Auf engstem Raum sind im Musikviertel die Universitätsbibliothek, die Hochschule für Musik und Theater, die Hochschule für Grafik und Buchkunst (HGB) und schließlich das Deutsche Literaturinstitut Leipzig (DLL) angesiedelt.

Dabei ist das Literaturinstitut von allen Einrichtungen die kleinste. Hinter hohen Bäumen versteckt liegt die Jugendstilvilla mit einer Eingangstür aus schepperndem Aluminium und blindem Glas. Na ja, so war es zumindest bis vor kurzem. Unsere schöne, scheppernde Ostalgie-Tür ist einem massiven Nachfolger aus dunklem Holz gewichen. Irgendwo war in der Staatskasse noch ein wenig Geld übrig, und so hat das Haus nun renovierte Fenster und Türen und strahlt von außen wieder hellweiß.

Aus der Nachbarvilla an der Straßenecke nebenan dringen bei schönem Wetter die Dreiklänge und Übungen der Musikhochschüler bis auf die Straße und beschallen die beiden Polizisten, die hier hinter der überdimensionierten Absperrung rund um die Uhr das amerikanische Generalkonsulat bewachen.

Der Tag am Literaturinstitut beginnt damit – inzwischen ist das Haus nämlich rauchfreie Zone –, dass man vor der Tür noch schnell eine Zigarette raucht. Je nachdem wie früh oder spät am Tag das erste Seminar beginnt, wird dazu lebhaft gesprochen oder mit kleinen Augen geschwiegen, und man nippt am Plastikbecher mit der Kaffeebrühe aus unserem hauseigenen Automaten. Der hat eine in unserem Haus ganz besonders geschätzte Funktion. Man kann nämlich, der Umwelt zuliebe und um ein paar Cent zu sparen, auch auf den Plastebecher verzichten und ein eigenes Gefäß mit der Plörre befüllen lassen. Dazu drücke man, Obacht, die Becher-Sperrtaste. Nun begab es sich, dass schon zu DDR-Zeiten im schönen Leipzig ein Literaturinstitut existierte. Dieses Institut wurde irgendwann nach dem honorigen Kulturminister der DDR benannt, seines Zeichens auch Lyriker und der Einzige, den ich kenne, der es als Minister fertiggebracht hat, ein paar seiner eigenen Gedichte verbieten zu lassen. Wie heißt nun dieser Mann? Genau, Johannes R. Becher. So kann man dem guten Mann mit einem einzigen Tastendruck nun jeden Morgen seine Reverenz erweisen. Denn die heißt inzwischen natürlich Johannes-R.-Becher-Sperrtaste.

Wenn man dann hineingeht, nachdem die Zigarette ausgeraucht ist, dann betritt man auch schon gleich unseren Saal, in dem die meisten Abendveranstaltungen stattfinden. Rechts vom Saal steht eine große Vitrine, in der irgendwann damit angefangen wurde, die Veröffentlichungen der Studenten und Absolventen auszustellen. Unter den DLLern heißt das Ding schlicht »Der Sarg«. Hinter dem Sarg verbirgt sich der eigentliche Luxus des Institutes, unsere Bibliothek. Die Bibliothek war lange Jahre das Reich von Frau Beyer. Auch so eine Legende. Sie war schon Bibliothekarin im alten Literaturinstitut und ist sozusagen Bindeglied zwischen Tradition und Neuanfang.

In der DDR hat sie nur zwei Straßen weiter gearbeitet, in der Karl-Tauchnitz-Straße, wo 1955 das erste Literaturinstitut in Leipzig gegründet wurde. Zu der Schar der Studenten damals gehörten Kurt Drawert, Ralph Giordano, Kerstin Hensel, Sarah Kirsch oder Angela Krauß.

Irgendjemand im Freistaat Sachsen hatte die glorreiche Idee, das Institut abzuwickeln, und so wurde es Ende 1990 aufgelöst. Es hagelte Proteste. Aber weil in so einer Landesregierung ja gern mal ein paar Sturköpfe sitzen, wurde zuerst aufgelöst und dann später unter dem Dach der Uni wieder neu angefangen: 1995 begann der Lehrbetrieb aufs Neue.

Die Villa in der Wächterstraße, in der wir seitdem untergebracht sind, war in der DDR ein Gästehaus der Volkspolizei. Wer diese Gäste waren? Gute Frage, auf jeden Fall hatten sie eine eigene Sauna im Keller und wurden sicherlich freundschaftlich umsorgt. Was die Gäste wiederum nicht wussten: Im Keller gab es nicht nur eine Sauna, sondern auch eine Abhöranlage. Dass Frau Beyer über alle Belange des Institutes gut informiert war, witzelte mancher, habe auch an dieser Anlage gelegen. Aber das war leider vor meiner Zeit.

Wie an anderen Kunsthochschulen kommen die meisten nicht direkt nach dem Abitur, sondern haben entweder, wie ich, einen Haufen Studienabbrüche im Gepäck oder gar zuvor etwas Richtiges studiert. Da gab es schon Tiermediziner und was sonst nicht alles, und manch einer arbeitet parallel noch in seinem Beruf oder studiert noch schnell Ingenieurwissenschaften oder macht wie Juli Zeh seine Staatsexamen in Jura. In der Regel sind aber alle Studenten froh, wenn sie neben den Diskussionen im Seminar und dem Jobben für den Lebensunterhalt einfach auch ausreichend Zeit für das eigene Schreiben haben.

Dass es ziemlich vielen Absolventen gelungen ist, mit ihren Texten zu debütieren, zeigt nicht nur ein Blick in den »Sarg« unten im Saal des Institutes, der inzwischen einer sehr viel größeren Vitrine gewichen ist. Auch beim Open Mike in Berlin und den Tagen der deutschsprachigen Literatur in Klagenfurt, die alle immer noch einfach Ingeborg-Bachmann-Wettbewerb nennen – also bei den beiden am meisten beachteten Talentbühnen für junge deutschsprachige Literaten – waren in den vergangenen Jahren immer einige Studenten und Absolventen des DLL vertreten.

Das lässt auch in Bezug auf das literarische Leipzig doch eigentlich nur einen Schluss zu. Es darf nicht mehr wie früher in einer Werbekampagne heißen: »Leipzig kommt.« Es muss jetzt heißen: »Leipzig ist längst da.«

6.

Joggen und flanieren

Wenn ich mich in unserer Heldenstadt mal selbst wie ein Held fühlen möchte, rufe ich am Abend vorher meinen Lieblingsbuchhändler an – ihm gehört die Connewitzer Verlagsbuchhandlung – und frage, ob er morgens schon was vorhat. Er grunzt dann meistens etwas Unverständliches, steht aber brav um sechs am Auto. Wir schauen uns mitleidig an und sind keine zehn Minuten später am südlichen Stadtrand. Dort liegt der Cospudener See. Die Joggingrunde dauert eine Stunde, und nachher lege ich mich meistens wieder ins Bett und verschlafe den Tag. Nur um mich dann abends aufs Rad zu setzen, ein paar Biere einzupacken und durch die Parks und den Auenwald zurück an den See zu radeln, viel länger als mit dem Auto dauert das auch nicht. Und wenn dann später die Mücken kommen, heißt es, Sachen packen und zurück in die Stadt, um dort auf einer Bank oder auf dem Balkon von irgendjemandes Wohnung auf einen der Kanäle und Wasserläufe zu blicken und sich vorzunehmen: Demnächst wird wieder gejoggt.

Wenn wir nicht joggen gehen, was zugegebenermaßen vorkommt, dann höre ich jeden Morgen um halb acht die Glocken der Peterskirche und denke an meinen Buchhändler, der sich immer bitterlich über den frühmorgendlichen Lärm beschwert. Wenn ich dann sage, dass ich das Läuten der Glocken eigentlich sehr mag und, nachdem ja nirgendwo in Deutschland (Ost wie West) noch ausreichend öffentliche Uhren herumstehen, über das viertelstündliche Zeitansagen der Protestantenkirche sehr erfreut bin, legt er mir meist schweigend meine zur Abholung bereitgelegten Bücher an die Kasse und räuspert sich. Inzwischen vermeiden wir das Thema in beiderseitigem Einvernehmen.

Außer der schönsten Kirche der Stadt hat der Leipziger Süden noch einen entscheidenden Vorteil. Man ist praktisch von allem nur einen Steinwurf weit entfernt. Man fällt aus der Haustür und ist gewissermaßen schon da – egal wo. Makler schreiben gerne in die entsprechenden Wohnungsanzeigen: Alle Einrichtungen des täglichen Bedarfs sind fußläufig erreichbar.

Einer dieser Orte, die ich ebenso gern wie schnell erreiche, ist der Buchladen meines Buchhändlers in Specks Hof. Dort sitze ich dann ab und an und, wenn wir nicht aus Versehen doch auf das leidige Thema mit den Glocken gekommen sind, auch eine ganze Weile auf einem durchsichtigen Stuhl (irgendein Verlagswerbegeschenk, als es den Verlagen noch besser ging), der gleich hinter der Kasse unter der Treppe steht, und schwatze. Specks Hof gehört zu diesen unzähligen begehbaren Höfe und Passagen – dieses Kapillarsystem für Fußgänger, das die gesamte Innenstadt durchzieht, und ohne das Leipzig nicht ein Klein-Paris wäre. Sommers ist es in den meisten Passagen angenehm kühl, in der kalten Jahreszeit ist man vor dem Unbill des schlechten Wetters gut geschützt. Ob es regnet oder schneit, die Frisur bleibt gescheit. Die Durchgangshöfe sind ein Segen, bei Hitze wie bei schlichtem Regen.

Wer über Leipzigs Passagen schreibt, kommt nicht umhin, Walter Benjamins folgende Aussage zu zitieren, über jene, die in früheren Zeiten in den (zugegebenermaßen Pariser) Passagen umherspazierten: *Der Fußgänger verstand, seine Nonchalance unter Umständen provokatorisch zur Schau zu tragen. Um 1840 gehörte es vorübergehend zum guten Ton, Schildkröten in den Passagen spazieren zu führen. Der Flaneur ließ sich gern sein Tempo von ihnen vorschreiben.*

Das Netz der Passagen verdankt Leipzig der Messe mit ihren Messehäusern. Die Höfe, von denen es in den vierziger Jahren mehr als vierzig gab, wurden auch außerhalb der Messe von Fußgängern als Abkürzungen genutzt. Nach den Durchgangshöfen entstanden dann die glasüberdachten Passagen als Vorläufer des modernen Warenhauses. Auch wenn die Mehrzahl dieser Anlagen eigentlich Durchgangshöfe sind, der Leipziger Volksmund hat sie allesamt zur Passage gemacht.

Dass Leipzig in Gedanken immer mehr Metropole ist, im schnöden Leben aber eben doch schon immer ein wenig mehr der Provinz entstammt, beweist sich auch im Bau der »ersten Passage am Platz« zwischen 1912 und 1914. Die Zeit der Passagen war andernorts bereits vorbei, das Warenhaus längst dabei, die neue Art Waren anzupreisen, da ließ der Lederwarenfabrikant Mädler an bekannter Stelle seine Passage errichten.

Aber auch wenn die Mädler-Passage erst spät gebaut wurde, ihr Vorläufer, Auerbachs Hof, war seiner Zeit weit voraus. Ein gewisser Dr. Heinrich Stromer aus Auerbach im Vogtland beauftragte 1530 den Bau des damals weltberühmten Auerbachs Hof. Mehr als siebzig Kaufgewölbe umfasste der Mädler-Vorläufer, dreimal im Jahr wurden dort während der Messe Luxuswaren gehandelt. Weintraube und Vase am Eingang der heutigen Mädler-Passage verweisen noch – das habe ich neulich bei der Stadtführung erlauscht – auf die ehemalige Nutzung als Porzellanmessehaus, in dem August der Starke sein Meissener Porzellan verkaufen ließ, und, klar, als Weinkeller. Bis 1989 wurde die Passage als Messehaus genutzt, seit 1969 gibt es in der Rotunde ein Glockenspiel aus Meissener Porzellanglocken.

Dort wo die beiden Gänge der Mädler-Passage zusammenfinden, in der Rotunde, lohnt ein Blick nach oben nicht nur, um nach den Porzellanglocken Ausschau zu halten. Der Blick fällt auch auf ein großes einladendes Fenster im zweiten Stock. Dort hat die Frisierstube J. C. Woyzeck ihren Sitz. Einen Friseur braucht jedermann so dringlich wie das Caféhaus oder den Bäcker, das weiß jedes Kind, und wer Zweifel hegt, der frage seine Frau. Und dieser Figaro verbindet sich auf das Direkteste mit der Leipziger Stadtgeschichte.

Wer in der Schule ein wenig aufgepasst hat, dem dämmert vielleicht bereits: *Woyzeck*, war das nicht so ein Drama von Georg Büchner? Und die Altklugen werden mit dem Kopf wackeln und sagen: Aber nur ein Dramenfragment.

Was die Wenigsten wissen: Der echte Johann Christian Woyzeck, also die lebende Vorlage für die Hauptfigur in Büchners Drama *Woyzeck*, war Friseur, Perückenmacher und Barbier in Leipzig. Einen eigenen Salon hatte er aber nie. Vielleicht wäre es damit was geworden, hätte ebenjener Friseur Woyzeck nicht aus Eifersucht schnell mal seine Geliebte ermordet. Und das hieß damals: Kopf ab.

Das war 1824 und als öffentliche Hinrichtung ein Riesenspektakel, Augenzeugen sprachen von fünftausend Schaulustigen. Dabei war gar nicht unbedingt sicher, ob Woyzeck wirklich schuldfähig war. Am Ende konstatierte der zuständige Herr Doktor zwar »Kennzeichen moralischer Verwilderung«, aber schuldunfähig? Nein, mitnichten. Damit war der Kopf ab.

Die einzige Leistung am Kopf übrigens, die Woyzecks posthumer Salon nicht zu seinen Angeboten zählt. Beim Inhaber Dirk Stötzner, der kaum älter ist, als Woyzeck es wurde, herrscht heute schlichtweg Wohnzimmeratmosphäre, und der Salon ist neben den vielen durchgestylten Trendfriseuren eine wirklich wohltuende Alternative.

Szenen aus Goethes *Faust* finden sich dann in der Passage am Eingang zu Auerbachs Keller. Die linke Schuhspitze des Faust zu berühren scheint irgendwie Glück zu bringen, da habe ich in der Schule wohl mal wieder nicht aufgepasst und die ganzen Leipzig-Reiseführer nicht gründlich genug durchgeblättert. Ganz blank schaut die schon aus. Vielleicht hätte auch Baulöwe Schneider, der die Passage so aufwendig sanieren ließ, mal öfter die Schuhspitze berühren sollen. Andererseits wäre er dann wohl auch nie auf einem Wandgemälde im Restaurant als Mephisto in Goethes *Faust* abgebildet worden.

In seiner Autobiographie *Bekenntnisse eines Baulöwen* nennt der Baulöwe Leipzig sein Waterloo. Er hängt an dieser Stadt: *Sie hat wie ich einen Hang zum Größenwahn.* Zum Schluss hatte der Mann bei seinen Banken Schulden in Höhe von 5,4 Milliarden Mark. Den von Schneider engagierten Handwerkern entstand ein Schaden von rund fünfzig Millionen Mark. Die bezeichnete der damalige Deutsche-Bank-Chef Hilmar Kopper dann irgendwann salopp als Peanuts. Seiner Bank schuldete Schneider nämlich rund ein Viertel der vorgenannten 5,4 Milliarden. Peanuts wurde trotzdem das Unwort des Jahres 1994. Es war ein bisschen viel Arroganz und Anmaßung im Spiel bei dieser Bemerkung, zumal die Banken selbst sich über Jahre von Schneider hatten einlullen lassen – den ich als Betrüger und Hochstapler irgendwie auch sehr sympathisch finde, und wer weiß, ob die insgesamt fünfzehn Baudenkmäler, in die er in Leipzig investierte, darunter neben der Mädler-Passage auch Barthels Hof und zahlreiche andere Gebäude, je so prachtvoll rekonstruiert worden wären.

Lassen wir die Promenaden im Hauptbahnhof einmal außen vor, so braucht man immer noch mehr als zwei Hände voll Finger, um alle durchzugehen. Brühl-Arkaden, Steibs Hof, Passage Blauer Hecht, Oelßners Hof, die Passage Zum Strohsack, die Theaterpassage im Krochhochhaus, Specks Hof, das Hansa-Haus, die Königin der Passagen – die Mädler-Passage. Aber auch das Messehaus Dresdner Hof, Stentzlers Hof, der Petersbogen, der Hof im Bouwenshaus, die Handwerkerpassage, der Durchgang im König-Albert-Haus, Barthels Hof, Webers Hof, Das große Joachimsthal, Blauer und Goldener Stern, Kretschmans Hof, die Passage im Jägerhof und der Hof im Städtischen Kaufhaus.

Letzteres wurde extra für die Mustermessen konzipiert. Was eine Mustermesse ist? Sie hat ein Prinzip populär gemacht, das wir heute auch bei einer sehr allgegenwärtigen schwedischen Möbelhauskette finden. Man könnte es den Zwangsrundgang nennen. Dabei werden die Messebesucher etagenweise an ausgestellten Warenmustern vorbeigeführt, nur dass diese damals noch nicht so illustre Namen trugen wie Billy oder Klippan. Dass das Prinzip »Erst schauen, dann kaufen« gut funktioniert, kann man leicht an sich selbst beobachten, wenn man bei besagtem Möbelschweden am Ende mit Tüten voll Zeug an der Kasse steht, das kein Mensch braucht. Dementsprechend erfolgreich war damals schon die Mustermesse. Nach der ersten Mustermesse im März 1895 wurde gleich angebaut. Kaufhaus hieß das Ding, obwohl dort also nur Muster begutachtet wurden und danach erst Bestellungen getätigt und Verträge abgeschlossen wurden. Den Händlern war das nur recht: Bisher mussten sie alle Waren vorproduzieren und zu den Messen schaffen –, das war nun anders.

»Die Leipziger Messe ist die einzige Messe, die sich eine Stadt hält«, hieß es früher. Und bis heute prägen prächtige Messepaläste das Bild der Leipziger Innenstadt. Überall findet man in Leipzig die Spuren der Messe: Sei es nun in der Innenstadt, auf der Alten Messe im Leipziger Süden oder draußen auf dem Gelände der Neuen Messe. Und das große MM-Logo zeigt sich jedem Besucher, der aus dem Bahnhof tritt. Auf dem Wintergarten-Hochhaus dreht es sich in riesigen leuchtenden Lettern und erinnert daran: Nach der Messe ist vor der Messe.

7.

Bimmel und Business

Jeder Junge liebt seine Modelleisenbahn, und wer gar nicht erwachsen werden will, steht irgendwann am Wochenende auf zugigen Bahnsteigen und fotografiert vorbeirauschende Züge. Ganz so arg ist es bei mir nicht geworden, aber meine Liebe zum Leipziger Hauptbahnhof habe ich ja schon eingestanden. Sie geht sogar so weit, dass ich mir das Leben in einer Stadt mit einem hässlichen Bahnhof nicht wirklich vorstellen kann, das habe ich zumindest beschlossen, als ich mal eine Zeit lang in Münster gewohnt habe.

Wer also am Leipziger Hauptbahnhof ankommt oder abfährt, der macht das entweder mit einem der wunderbaren Leipziger Taxifahrer, oder er hält sein Kleingeld zusammen und fährt mit der Straßenbahn, die der Leipziger nur liebevoll »Bimmel« nennt.

Mit einer solchen sind die schönen alten Tatra-Bahnen nämlich ausgestattet, und die Fahrer nutzen sie auch ausgiebig. Besonders dann, wenn mal wieder ein auswärtiger Autofahrer auf die Idee kommt, eine mitten auf der Straße haltende Bimmel einfach rechts zu überholen. Das sollte man nicht tun, denn die meisten Haltestellen in Leipzig sind ebenerdig und haben nicht etwa einen eigenen Bahnsteig. Und man will ja als Autofahrer nun nicht unbedingt die ein- oder aussteigenden Fahrgäste auf der Motorhaube haben.

Ich fahre sehr gerne mit der Bimmel, und wenn ich Zeit habe, dann lasse ich auch heute noch alle neumodischen Straßenbahnen sausen und warte auf eine von den alten Tatra-Bahnen. Mit denen bin ich in den ersten Monaten in Leipzig auf Erkundungsfahrt gegangen und habe festgestellt, dass Leipzig neben der Gründerzeitherrlichkeit auch eine ganze Reihe von ziemlich wuchtigen Plattenbausiedlungen besitzt. Überhaupt ist die Bimmel eine der besten Möglichkeiten, die Stadt wirklich kennenzulernen, bis raus nach Paunsdorf, Grünau oder Heiterblick. Das Leipziger Straßenbahnnetz ist ja das zweitgrößte in ganz Deutschland, und 1989 hatte Leipzig mit tausend Wagen den größten Fuhrpark der Republik – genau – Leipzig, Hauptstadt des Straßenbahnwesens.

Dabei sind Schienennetz wie auch Bimmeln inzwischen irgendwie amerikanisch. Die Leipziger haben nämlich, wie viele deutsche Kommunen, ihre klammen Kassen mit sogenannten Cross Border Leasings aufgefüllt. Dabei vermieten deutsche Kommunen öffentliches Eigentum über lange Jahre, nur um es danach direkt zurückzumieten. In Leipzig hat man so nicht nur das Gleisnetz der LVB, sondern auch Messehallen, die Oper, das Klinikum St. Georg und Anlagen der Wasserwerke vermietet. Was das nun soll? Nach deutschem

Recht blieben die Vermieter Eigentümer, nach amerikanischem Recht konnten die Mieter in Amerika die Langzeitmietsachen als Eigentum behandeln und dicke Steuervorteile nutzen. Von diesem Geld bekamen die deutschen Vermieter, also Kommunen und städtische Betriebe, einen dicken Batzen ab, in der Regel fünf Prozent, allein die Leipziger Messe kassierte einen sogenannten Barwertvorteil von fünfzig Millionen Euro. 2004 änderten die Amerikaner ihre Gesetzgebung, seitdem gibt es kaum noch neue Verträge dieser Art.

Nicht nur vom Streckennetz, auch vom Literarischen her ist die Leipziger Bimmel allen anderen Nahverkehrsmitteln überlegen. Ihre Werbesprüche *Mit Doppelmord nach Gohlis-Nord* oder *Mit Muffensausen nach Sellerhausen* sind preisverdächtig, am besten gefällt mir aber immer noch: *Ich dös' ma bis Kleinpösna.*

Leider gibt es die Plakate nicht im Onlineshop der Leipziger Verkehrsbetriebe, hab ich recherchiert, auch Unterwäsche findet man dort nicht. Finden Sie das jetzt nicht auch verwunderlich? Die Berliner Verkehrsbetriebe haben das, mit draufgedruckten Stationsnamen. Ich finde, wenn die da *Krumme Lanke* draufdrucken, dann können wir das mit *Heiterblick* locker toppen. Aber dafür habe ich in diesem Onlineshop DVDs entdeckt, da schaut die Kamera einfach aus dem Führerhaus der Straßenbahn. Ein wenig ist das so wie diese Nachtprogramme, die früher immer im Fernsehen liefen, Europas schönste Eisenbahnstrecken, nur eben in der, sagen wir mal, Light-Version.

Aber das kommt ans Selberfahren nicht heran. Hohe Straße. Leipziger Verkehrsbetriebe: Draußen ist es kalt. Drinnen pustet ein Gebläse trockene warme Luft. Das Gebläse befindet sich unter dem einzelnen Sitz genau vor mir. Die orange Lampe über der Treppe blinkt. Die Klingel rasselt. Mechanisches Geräusch. Laut, nicht unangenehm. Kein Fiepen. Kein Piepsen. Türen fallen zu. Die Taste mit dem schönen Namen »Fahrgastwunsch« leuchtet nicht mehr. Unter einem Sitz vor mir verwandelt der Behälter mit Bremssand (mein Wort des Jahres) das Innere der Bahn ein klein wenig in eine tropische Strandlandschaft.

Surrendes Geräusch bei Beschleunigung. Schleifendes Geräusch in der Kurve. Rechtskurve. Metall auf Metall. Linkskurve. Hohl klingende Frauenstimme brüllt aus Lautsprecher: »Nächste Haltestelle Augustusplatz. Zugang zur Innenstadt.« Das gefällt mir immer am besten, Zugang zur Innenstadt. Und wie sich das gehört für eine anständige Metropole, wird das auch noch in allen Weltsprachen wiederholt: »Access to city centre. Accès au centre ville.« Sprachen lernen mit den Leipziger Verkehrsbetrieben. Am Hauptbahnhof lernen wir dann »Übergang zum Nah- und Fernverkehr«. Auch die Namen der Haltestellen sind eine Wucht. Dazu kann man zu Hause die Perlenschnüre studieren. So heißen die bunten Fäden, die das Netz der Leipziger Tram aufspannen, der Netzplan sozusagen. Die Perlen, das sind die Haltepunkte. »Nächste Haltestelle M ä r c h e n w i e s e.« Ein unerschöpflicher poetischer Fundus.

Und nun bauen die Leipziger die Bimmel auch noch selbst. Sie ist silbern und sieht auch in meinen Nostalgikeraugen ziemlich adrett aus; und immerhin – der Leipziger Löwe stand Pate bei der Namensfindung für den Leoliner.

Denn obwohl ich eigentlich der größte Fan der alten Tatra-Bahnen bin, habe ich schon begriffen, dass mit Nostalgie allein kein Blumentopf zu gewinnen ist, auch wenn die Leipziger außer der alten Hülle alles neu gemacht haben an den Bahnen. Außerdem haben sich die Jungs aus den Straßenbahnwerkstätten eine Reihe abgefahrener Konstruktionen ausgedacht und ein paar der alten Waggons zu Niederflurwagen umgebaut, wo man zum Beispiel ein eigenes Fahrradabteil hat und sonntags rausfahren kann in Richtung Neuseenland und dann fein zurückradeln.

Aber leider haben auch Straßenbahnen nur eine endliche Lebensdauer, und so mussten neue Züge her, und weil das Leipziger Schienennetz zwar groß, aber auch mächtig in die Jahre gekommen ist und so seine ganz eigenen Schikanen besitzt, kam der Gedanke auf, einfach eine eigene Bahn zu bauen. Denn was es da im Supermarkt für Straßenbahnen gibt, ist wohl oft sehr schick und schnell, aber eben auch nicht ganz so robust ausgelegt. Und so erzählt man sich bis heute, wie die Leipziger auf der Suche nach neuen, modernen Straßenbahnen eine Bahn zum Testen nach Leipzig gebracht bekamen. Die hat es nicht lange gemacht und flog während der Probefahrt in einer ziemlich engen Kurve einfach von den Schienen. Mit einem Wort: Totalschaden.

Die Leipziger bastelten sich also ihren Leoliner. Getestet haben sie den direkt vor meiner Haustür, und da fährt er immer noch: als Linie 11. Fährt und fährt und fährt – während am Anfang die Straßenbahnbauer dieser Welt ein wenig geschaut haben müssen, als hätte gerade ein Bushersteller erklärt, er werde ab jetzt Rennwagen bauen. Ein Rennwagen ist der Leoliner nicht, aber dafür sicher, komfortabel, robust und auch noch günstiger als alles, was sonst so auf dem Markt ist. Die ersten Bestellungen von außerhalb Leipzigs gibt es bereits.

Überhaupt sind die Leipziger einfallsreiche Kaufleute und Unternehmer. Das waren sie auch schon, bevor sie ihre eigene Straßenbahn gebaut haben.

Das mit dem Geld ist ja bekanntlich immer so eine Sache. Leipzig ist zwar eine ziemlich günstige Stadt, ganz ohne Geld geht es aber auch hier nicht. Deshalb habe ich neulich einen Gabelstaplerführerschein gemacht. Da kann ich ab jetzt, wenn Not am Mann ist, zum Beispiel auf dem Hub des Logistikriesen DHL am Leipziger Flughafen aushelfen – Gabelstaplerfahrer finden immer einen Job. Und wir haben hier genug Firmen, wo man die Dinger ständig braucht.

Zum Beispiel bei Amazon. Von Leipzig aus verschickt der Internetversender all das Zeug, bei dem Sie als Lesestoff höchstens noch eine Gebrauchsanweisung mit dazubekommen, also alles von der Kaffeemaschine bis zum Staubsauger, was man online erstehen kann, geht von hier aus in die Post.

Ein Leipziger war es übrigens auch, der vor über hundert Jahren hier das erste deutsche Versandhaus gründete. 1886 erschien der erste illustrierte Versandkatalog von Ernst Mey aus Plagwitz. Mey & Edlich vertrieben als Erste ihre Waren per Katalog und waren 1903 die Nummer eins unter den Versandhäusern – weltweit. Die Firma Mey & Edlich gibt es heute noch. Wie auch das größte Versandhaus der Welt, das in Leipzig steht. Quelle nahm eine schlappe Milliarde Mark in die Hand, und 1994 war das neue Versandhaus des Konzerns fertig.

Gebraucht werden aber nicht nur diplomierte Schriftsteller mit der Lizenz zum Gabelstapeln, sondern auch alle, die etwas »Richtiges« studiert haben. Die können dann zum Beispiel bei BMW anklopfen oder bei Porsche, Dow oder Amazon. Alle Big Names haben sich hier in der Region angesiedelt. Bei BMW ist nicht nur, was an Autos rauskommt, ein echter Hingucker, sondern auch das Werk selbst, das hat nämlich Stararchitektin Zaha Hadid gebaut. Und Porsche baut in Leipzig nicht nur den bullenstarken Cayenne. Rund ums Werkgelände grasen Nachfahren des Auerochsen, nicht zur Werksicherheit, sondern als tierische Landschaftsgärtner.

Weniger für lautstarkes Motorendröhnen als vielmehr für den feinen Klang seiner Instrumente bekannt ist einer der ältesten und renommiertesten Klavierhersteller der Welt, die Julius Blüthner Pianofortefabrik.

Neben Berufsaussichten bei einem großen Unternehmen bietet Leipzig aber vor allen Dingen eine Chance: selber machen. Auf kreative Köpfe wirkt Leipzig einfach anziehend. Dass sich daran bis heute nichts geändert hat, kann jeder spüren. Viele kreative Köpfe haben sich mit ihren Ideen und Projekten in der Stadt angesiedelt und sich über die Jahre oft zu festen Größen in der Kulturszene entwickelt. Da gibt es das bereits erwähnte Kunstmekka Spinnerei und die Musikmesse PopUp, den Hörspielsommer, die euro-scene oder die Alte Tapetenfabrik und unendlich viele Reihen, Shows und Abendprogramme in den Clubs und Häusern von naTo bis Schaubühne Lindenfels. Von Festivaldauerbrennern wie der Dokumentarfilmwoche DOK Leipzig, Europas größtem Literaturfestival Leipzig liest, den Designers' Open oder den Jazztagen ganz zu schweigen.

Darum ist die Kultur- und Kreativwirtschaft für Leipzig ein wichtiger Motor geworden. Hier haben sich schon viele Musiker, Designer, Autoren, Journalisten, Werbeleute, Schauspieler, Künstler, Tänzer und andere Kreative mit ihren Ideen selbstständig gemacht. Und das Netzwerk wächst weiter.

Wer sich in Leipzig einmal von der Muse hat küssen lassen, der stellt schnell fest: Inspirierter als in Leipzig lässt es sich kaum forschen oder studieren. Goethe hat es vorgemacht, vierzigtausend Studenten machen es ihm heute nach. Und neben der Universität gibt es in Leipzig noch das eine oder andere Forschungsinstitut, an dem es sich geradewegs auf den Nobelpreis zu forschen lässt.

Und wenn in Leipzig in Sachen Forschung schwere Gewitterwolken aufziehen, dann nur, weil sie gewollt sind. Nämlich im Wolkenlabor am Leibniz-Institut für Troposphärenforschung. Das ist weltweit ziemlich einzigartig, und die Jungs in den weißen Kitteln züchten dort in einem großen, runden, silbrig glänzenden Turm künstliche Wolken. Bei einer Stadt mit so vielen Sonnenseiten braucht man auch mal ein wenig Schatten.

8.

Schlusswort der Superlative

Was fehlt dieser Stadt? Die Antwort des Leipzigers auf solch eine einfältige Frage können Sie sich an drei Fingern abzählen: Nüscht.

Liebe macht ja bekanntlich blind. Wie weit das mit meiner Liebe zu Leipzig inzwischen geht, haben Sie ja gelesen, andererseits fehlen Leipzig doch ein paar Dinge, und ein paar Dinge über Leipzig fehlen bisher hier. Die wollen wir zum Schluss nicht unerwähnt lassen.

Da ist das Ding mit dem Dialekt. Die einen sagen: Heiße Kartoffel in den Mund und einfach losreden. Bei anderen heißt es: Einfach Unterkiefer vorschieben und rausfließen lassen. Ein wenig sächseln, das versuche ich höchstens einmal, wenn ich auf Westbesuch bin. Das einzige sprachassimilatorische Moment, das ich mir in Leipzig gönne, ist, im Gespräch beipflichtend als Pausenfüller immer mal ein »ne«, das sich eher »nu« oder »nü« spricht, einfließen zu lassen. Und gewiss, hier und da kann man lächeln über diesen Dialekt. Aber bitte ohne die Überheblichkeit, mit der man im Rest der Republik das Sächsische bedenkt. Das heben Sie sich mal fein für einen Besuch in Dresden auf. Und wer sich in Mundart weiterbilden will, dem sei die Lektüre der großartigen Schriftstellerin und Mundartdichterin Lene Voigt auf das Dringendste empfohlen. Wo man die Bücher kriegt? Da fragen Sie einfach meinen Buchhändler.

Im Internet finde ich noch eine Liste mit zehn Gründen, die für eine Reise nach Leipzig taugen. Mal sehen, welche ich vergessen hatte bislang: Ach ja, Herrgott, die Oper! Sie ist die drittälteste in Europa, nach Mailand und Hamburg. Sie steht gleich gegenüber dem Gewandhaus am Augustusplatz. Und, na klar, das Alte Rathaus. Es soll eines der schönsten Renaissance-Rathäuser in Deutschland sein.

Eine Schwäche für das Gigantische habe der Leipziger, schrieb Erdmann Graeser. Hier also Size Matters I: Nicht die längste Praline der Welt, aber die längste Gebäudeinschrift Europas finden Sie auch bei uns. Jetzt wissen Sie es endlich. Und zwar am Alten Rathaus. Was draufsteht, wollen Sie wissen? Meinen Sie, ich schreibe das jetzt alles ab und hier auf? Da schauen Sie mal schön selber nach.

Und der Leipziger Maler Werner Tübke schuf das größte Ölgemälde der Welt (Size Matters II). Obwohl man davon ausgehen kann, dass der Eintrag ins Guinness-Buch der Rekorde für ihn als Maler vielleicht nicht unbedingt so wichtig gewesen sein wird. Leider kann man das Riesengemälde gar nicht in Leipzig bewundern, sondern muss dazu nach Bad Frankenhausen. 1722 Quadratmeter Bauernkriegspanorama sind dort zu sehen, und ich habe zwar nicht nachgezählt, aber angeblich sind darauf über dreitausend Lebewesen abgebildet.

Noch ein wenig Musikstadt? Denn famoserweise beherbergt Leipzig auch das älteste Streichquartett der Welt. Das Gewandhaus-Quartett ist Teil des Gewandhausorchesters, gegründet wurde es 1809. Leipzig quasi erste Geige der Welt. Und damit die Jungs vom Quartett auch Nachfolger bekamen, gründete Felix Mendelssohn Bartholdy 1843 in Leipzig das erste deutsche Konservatorium. In Europa ist es leider nur das zweitälteste, da war Paris eher dran.

Platz zwei ebenfalls für die Leipziger Universität, die die zweitälteste in Deutschland ist. Nur Heidelberg war schneller. Seit 1409 wird an der Alma Mater Lipsiensis ohne Unterbrechung und Unterlass gelehrt. Fragen Sie mich aber bitte nicht, welche Matrikelnummer Goethe hatte. Ich weiß nur, 2009 haben wir Sechshundert-Jahr-Feier und hoffen und bangen, dass der neue Uni-Campus samt Paulinum zum Festakt rechtzeitig fertig wird.

Noch einmal Silber: Und zwar für den zweitältesten botanischen Garten Europas. Außerdem ist Leipzig deutschlandweit die drittgrünste Stadt. Die Auenwälder ziehen sich bis in die Stadt hinein, und die ausgedehnten Parkanlagen wie das Rosental in Gohlis und der Clara-Zetkin-Park bei mir im Süden sind wirklich anständig grün.

Grün ist es auch auf dem Südfriedhof, nicht nur letzte Ruhestätte vieler bekannter und unbekannter Menschen, sondern auch der zweitgrößte Parkfriedhof Deutschlands. Dort findet sich so ziemlich die ganze Stadtgeschichte auf den Grabsteinen.

Vom Friedhof zum Fußball – nein, das ist jetzt nicht böse gemeint. Vor mehr als hundert Jahren wurde der Deutsche Fußball-Bund (DFB) in Leipzig gegründet, nämlich am 28. Januar 1900. Und nicht zu vergessen: Erster Deutscher Meister wurde 1903 der VfB Leipzig. Auch wenn das heute kaum mehr einer glauben mag.

Dass Leipzig die Kabaretthauptstadt Deutschlands ist? Kein Witz. Nirgendwo in Deutschland gibt es mehr Kabaretts je Einwohner als in Leipzig. Und selbst der Humor hat hier eine eigene Messe. Die Lachmesse im Oktober ist die größte internationale Veranstaltung ihrer Art.

Und die schönsten Frauen wohnen wo? Natürlich in Leipzig. Diana Drubig, gebürtige Leipzigerin, wurde 1999 zur Miss Germany gewählt. Der vielzitierte Spruch »In Sachsen, wo die schönsten Mädchen wachsen« trifft also auch heute noch zu. Beim Posieren zum »Playmate des Jahrhunderts« eines bekannten Herrenmagazins holte die Leipzigerin Jana Hachmeister Bronze.

Dass wir die älteste Messestadt sind, hatte ich aber erwähnt, oder? Das einzige Untergrundmessehaus der Welt ist jedoch zugunsten der künftigen Bahnstation unter dem Markt weggebuddelt worden.

In Zeiten weltweiter Finanzkrisen sollte man vielleicht lieber verschweigen, dass Leipzig der Sitz der ersten Landesbank in Deutschland war? Das war 1698. Nun, die kleinste

Landesbank der Bundesrepublik, die Sächsische Landesbank, hat es dann ein paar Jahrhunderte später auch als eine der ersten in der großen Krise wieder hinfortgespült. Da hilft nur, sich wie ein Mantra immer wieder aufzusagen: Mehr Sonnentage als Freiburg im Breisgau. Wir haben mehr Sonnentage als Freiburg.

Etwas beständiger als bei der hiesigen Landesbank geht es dafür bei der ersten deutschen Handelsschule zu, die 1898 in Leipzig gegründet wurde. Die heißt seit 1996 Handelshochschule Leipzig und gilt als eine der besten Kaderschmieden für den wirtschaftlichen Nachwuchs der Republik.

Das Waldstraßenviertel im Leipziger Norden ist nicht nur eines der größten Gründerzeitviertel der Welt. In seiner Geschlossenheit und in der Vielfalt seiner Stile ist es weltweit einmalig. Noch zumindest. Aber auch wenn hölzerne Gehwegüberdächer und grüne Spinnennetze, mit denen Passanten und Flaneure vor herabfallenden Ziegeln und Dachpfannen geschützt werden, aus Innenstadt und Nobelvierteln verschwunden sind, standen 1999 noch mehr als zweitausend Gründerzeithäuser leer, viele verfallen heute noch. Erdmann Graeser hat über Leipzig geschrieben – und auch diese beiden Attribute landen auf meiner Leipzig-Liste –, es sei die Stadt der Höflichkeit und auch Stadt der Superlative. Dem ist ebenso beizupflichten wie Karl von Holtei, der eine *nicht gänzlich abzulegende Kleinstädterei Leipzigs* attestiert.

Womit ich also bei der Frage angelangt wäre, was in Leipzig noch nicht ganz meinen Wunschvorstellungen entspricht.

Ein wenig mehr Arbeit könnte nicht schaden, aber wo fehlt die dieser Tage nicht. Und in Sachen Internationalität sind wir auf dem Sprung, auch außerhalb der Messezeiten. Bis zum Ausbruch des Ersten Weltkrieges gab es an der Universität Leipzig allein mehr als 1500 amerikanische Studenten. Daran muss heute wieder angeknüpft werden. Ami, come back!

Aber nicht nur mehr internationales Volk wünsche ich mir, auch ein paar Kleinigkeiten wären schön: etwas mehr Toleranz für den radelnden Bürger zum Beispiel. In der hiesigen Presse klingt es immer ein wenig, als würden die Radfahrer zum Zeitvertreib durch die Innenstadt jagen und einen Preis dafür gewinnen, wer die meisten Omis umkegelt. So ist es doch nun auch nicht. Da könnte ein Besuch in Münster einmal helfen. Dort ist man, was Leipzig noch lange nicht ist, »Fahrradhauptstadt«, zumindest wenn man die Städte der holländischen Nachbarn mal außen vor lässt. Aber wenn die Stadt Leipzig eine Delegation hinschickt, rate ich, sich beim Rausgehen aus dem Bahnhof nicht umzudrehen.

Seit ein paar Jahren versuchen allerhand Strategen, das Image der Stadt, dieses ominöse Ding, mit dem man möglichst viele Gäste nach Leipzig lockt, auf das Thema »Musikstadt« festzulegen. Dumm nur, dass es daneben noch viele leise und laute Töne gibt, sodass sich diese Idee nicht wirklich durchhalten lässt. Warum nicht mit der Vielfalt werben, statt immer zu versuchen, irgendetwas herauszugreifen.

Der Ausspruch Goethes *Mein Leipzig lob ich mir* hängt

einem zwar schon zu den Ohren raus, aber von der Hand zu weisen ist er trotzdem nicht. Und auch die Europäische Union bestätigt das neuerdings. Im Volkssport Nummer eins, den »Rankings und Studien«, fragte man nach der Lebensqualität in europäischen Städten. Dass Leipzig dabei deutschlandweit auf dem ersten Platz gelandet ist, hat wohl niemanden so wenig verwundert wie die Leipziger selbst. Und auch mir ist das alles andere als unerklärlich. Leipzig ist für mich die ungekrönte Königin unter Deutschlands Städten.

Register